VIE ILLUSTRÉE

DE

# MONSEIGNEUR DE SÉGUR

VIE ILLUSTRÉE

DE

MONSEIGNEUR

# DE SÉGUR

PAR

LE MARQUIS DE SÉGUR

ABBEVILLE

C. PAILLART, IMPRIMEUR-ÉDITEUR

des Brochures illustrées de Propagande catholique

1893

# VIE
DE
# Mgr DE SÉGUR

## I

### Premières années de Mgr de Ségur.

Mgr Louis-Gaston-Adrien de Ségur est une des plus suaves figures de notre siècle. A son insu, sans prétendre jamais à la célébrité, il a attiré sur sa personne l'attention de la France, nous pourrions dire de l'Eglise entière; et quand il traversait les rues de Paris, quand il visitait la province, un murmure bienveillant répétait autour de lui : « C'est un saint qui passe. » « Oui, dit le cardinal Mermillod, c'est un saint qui a passé, comme son Maître, en faisant le bien. »

De la vie de ce prélat aveugle, se dégage un parfum d'une exquise délicatesse dont nous voudrions pénétrer les âmes.

Louis-Gaston-Adrien de Ségur naquit à Paris, rue de Varennes, le 15 avril 1820. « Il apportait en naissant un nom antique qui remonte aux croisades, un sang de noble race dont s'honorent le Périgord et l'Aquitaine ; la magistrature, l'armée, la diplomatie et les lettres couvraient son berceau d'illustrations traditionnelles. » Son père avait épousé la fille du général comte Rostopchine, gouverneur de Moscou, en 1812. Gaston de Ségur fut baptisé le 17 avril à l'église Saint-Thomas d'Aquin. Son grand-pére, le comte de Ségur, et la comtesse Rostopchine, son aïeule, furent ses parrain et marraine. Premier-né de son père et de sa mère, destiné à devenir chef de famille, il fut reçu avec un sentiment de joie tout particulier par ses grands-parents paternels et maternels réunis autour de son berceau, bien que nul ne pût alors se douter du genre d'illustration qu'il ajouterait un jour à son nom.

Gaston de Ségur fut mis en pension à l'âge de six ans, à Fontenay-aux-Roses, près de Paris. Les jours de sortie et le temps des vacances étaient les seules joies du pauvre enfant, en ces années de sa première jeunesse dont il n'a point gardé un aimable souvenir. Dès cette époque, deux sentiments se partageaient son cœur : d'abord sa tendresse pour sa mère qu'il aimait avec passion, puis le goût du dessin qui eût été sa vocation, si une vocation plus haute n'eût pris possession de sa vie. Dans l'espace de cinq ans, Gaston de Ségur remplit une douzaine d'albums dont les dessins sont tout à fait remarquables. Il y consacrait tous ses moments libres, une partie même de ses heures d'étude ; ce fut, non pas la seule, mais la principale occupation de sa vie de collège, et il dut à ce talent naissant beaucoup de jouissances sans doute, mais aussi beaucoup de punitions Il est vrai que, le plus souvent, il obtenait de ses maîtres d'étude une commutation de peine : au lieu de *pensums*, il faisait leur portrait ou quelque dessin qu'il leur donnait, et tout le monde était content.

## II

### Amour de Gaston de Ségur pour sa mère.

Quant à son amour pour sa mère, il débordait de son âme ; son plus grand bonheur, pendant les jours de sortie, était de demeurer auprès d'elle, assis à ses pieds, la regardant, lui parlant, l'embrassant, comptant les heures qu'il avait à passer à ses côtés. Cette affection déborde de chacune de ses lettres qui, lorsque ses parents étaient à la campagne, se succédaient tous les deux ou trois jours. Il faudrait pouvoir citer ici toutes ces missives, où l'affectueux jeune homme épanche dans le cœur de sa mère tendrement aimée les sentiments de son cœur ardent et délicat. En voici quelques extraits qui donneront une idée de ses pensées, de ses sentiments et de sa vie au collège, à cet âge où l'enfant faisait place à l'adolescent : c'est Gaston de Ségur peint par lui-même à dix-sept ans.

« Paris, 6 mars 1837. — J'attendais avec impatience depuis dimanche, ma chère maman, le jour où je pourrais correspondre avec vous : *adest tamdem dies*, et j'exécute ma promesse avec empressement. Je suis bien heureux, ma pauvre chère maman, de voir s'approcher la fin de vos souffrances. Soyez bien prudente, plus même que vous ne l'êtes maintenant. Ne traitez pas du tout cela comme une plaisanterie : il s'agit de votre avenir et du nôtre. Vous aurez acquis dans cette longue maladie une bonne dose de patience et de résignation ; car il en faut beaucoup pour rester trois ans de suite couchée, sans se plaindre et sans avoir d'humeur. Lorsque j'en ai, par hasard, je n'ai qu'à penser à vous qui n'en avez jamais, et mon spleen est coupé comme avec un couteau. Je suis bien content d'avoir été au musée dimanche et bien heureux de voir que nous avons maintenant en France de véritables peintres. Nous possédons M. Paul Delaroche, un grand artiste, sans compter tant d'autres qui feront vite et sûrement leur chemin... Adieu, chérissime maman, je vous embrasse et vous aime de toutes mes forces, avec mon père et mes bonnes sœurs. »

« 14 mars. — Ma bonne maman, comment allez-vous depuis dimanche ? Quand serai-je donc là, toujours auprès de vous, pour vous forcer à vous bien porter ? Je serai bien heureux quand ce moment sera arrivé ; car je m'ennuie furieusement dans la cage. Pour plus d'amusement, M. M..., qui s'est fourré dans la tête que je ne travaille pas, que je n'ai jamais travaillé, que je ne travaillerai jamais, me dit sans cesse, sans rime ni raison, qu'il est très mécontent de moi, que ça n'ira pas longtemps comme ça, etc. Je travaille cependant, et je travaille malgré lui. Ses continuelles remontrances ne pourraient avoir pour effet que de m'empêcher d'avancer; car, vous le savez, ce n'est pas de cette façon-là qu'on peut obtenir rien de moi. Un ou deux mots de douceur feraient plus que toute sa sévérité... Adieu, mon excellente maman, je vous embrasse de tout mon cœur. Portez-vous bien, soignez-vous, pensez à nous, et aimez-vous bien fort, autant que nous vous aimons : plus n'est pas possible. »

12 avril. — Paul et Albert sont reçus bacheliers! Chère maman, concevez-vous mon bonheur de les voir enfin heureux et près de retourner avec leur bonne mère, la meilleure mère du monde après vous! Ils sont venus ce matin, à onze heures, annoncer la nouvelle ; ils étaient enchantés, j'étais bien content aussi... Mais comme chaque chose a son mauvais côté, après le plaisir et le bonheur sont venues les larmes. J'ai pleuré pendant une grosse demi-heure après leur départ : devant eux je m'étais retenu pour ne pas troubler leur joie. Je vais être tout seul maintenant, ma bonne maman, tout seul, sans ami à qui confier mes petits chagrins et mes plaisirs. J'avais espéré que je ne quitterais mes deux bons amis que pour retourner auprès de vous, qui m'auriez tenu lieu de tout; et je me trouve, au lieu de cela, avoir encore quatre mois de solitude complète! Je m'en dédommagerai en écrivant souvent à eux comme à vous; mais qu'est-ce que cela en comparaison de la présence de ceux qu'on aime?... Adieu, ma bonne, mon

excellente maman, je vous aime et vous embrasse de tout mon cœur, avec lequel j'ai le bonheur d'être votre très aimant et aimé fils. »

« 5 juin. — M. M... ne m'a pas encore parlé de mes vingt-quatre *marques*, ma chère et bonne maman; je ne sais s'il les a oubliées ou s'il veut réserver l'orage pour une occasion plus solennelle... Je ne vous conseille pas de lui demander une sortie pour jeudi : il vaut mieux attendre la lettre de mon père, qui mène le pauvre gros homme comme il l'entend. Pourquoi faut-il que je sois engagé dans cette pension? Pourquoi faut-il que vous restiez seule, sans personne pour vous soigner et vous distraire? Dieu merci! tout cela va bientôt changer, et je vais tirer mon coup de chapeau à tous les pensionnats, et collèges, et professeurs, et pédants, présents, passés et futurs! Heureuse époque où la cage de l'oiseau sera ouverte! et heureux oiseau qui pourra jouir en plein de la liberté! Adieu, ma chère, bonne et excellentissime maman, je vous embrasse mille fois. A jeudi peut-être, ou certainement à dimanche. »

Mais il faut reconnaître que l'élément chrétien et surnaturel, qui devait dominer dans toute sa vie, fait totalement défaut dans cette correspondance de l'écolier de dix-sept ans, et que rien n'y fait entrevoir le catholique, le prêtre, l'apôtre; sous le jeune homme, impatient de sa liberté, fatigué du joug scolaire, ennemi de cette existence claustrale sans aucune des consolations du cloître, tendre, affectueux et dévoué, par goût et par nature, plus que par esprit de devoir et de vertu.

C'était bien, en effet, son état d'esprit durant son long séjour dans les institutions universitaires, et le seul souvenir religieux que Gaston ait gardé de son séjour à Fontenay-aux-Roses, est celui de sa première communion. Il la fit le 16 juin 1833. Son âme naturellement tendre et élevée s'ouvrit tout entière aux leçons du bon prêtre chargé de le préparer à cet acte fondamental de la vie chrétienne. Sa première communion lui laissa un doux et profond souvenir, et c'est aux sentiments qu'il y apporta qu'il attribua la grâce de sa conversion.

Mais ce moment d'amour divin passa bien vite dans l'âme du pauvre enfant qui n'entendait jamais parler de Dieu, hormis pendant ses vacances.

Devenu prêtre, Gaston de Ségur ne se lassait pas de déplorer cette éducation sans Dieu qui lui avait été donnée : « Nous n'étions pas impies au collège, disait-il souvent à son secrétaire intime, l'abbé Diringer, mais nous étions indifférents, vivant (et encore pas tous) dans une certaine honnêteté naturelle. Quand je pense que l'année qui a suivi ma première communion, personne, à Fontenay-aux-Roses, ne nous a dit de faire nos Pâques ! Il m'a fallu quinze ans pour me défaire complètement des idées et des impressions que m'avait laissées cette fatale université. A chaque instant je me surprenais avec mes préjugés sur l'Eglise, sur les miracles, sur la vie des saints, etc. Seul, mon séjour à Rome, pendant quatre ans, comme auditeur de Rote, a pu en faire disparaître les dernières traces. »

Cette indifférence religieuse céda bien vite à l'influence de la vie de famille, aux exemples que lui donnait son père, et surtout à la connaissance de son aïeule la comtesse Rostopchine. Cette sainte femme, convertie en 1806 du schisme grec à la foi catholique, vint en France vers 1838, passa une partie de l'été chez sa fille au château des Nouettes, en Normandie. Sa conversation, l'austérité de sa vie qui était celle d'une sainte, firent sur son petit-fils une impression profonde.

## III

### Gaston de Ségur et la comtesse Rostopchine.

Gaston subit avec joie l'influence salutaire de cet esprit supérieur, de cette âme toute vivante en Jésus-Christ. Il se prépara à recevoir les sacrements avec la même piété qu'il s'était préparé cinq ans auparavant à sa première communion. C'était pendant les vacances de 1838, au château des Nouettes. Ses frères et sœurs, qui n'étaient pas au courant de ses pensées intimes, s'étonnaient du changement de son attitude et de sa conduite. Le jour d'où est sorti Mgr de Ségur, arriva ; c'était le 8 septembre 1838, fête de la Nativité de la Sainte Vierge. Il avait fait la veille sa confession générale au bon curé du village, et ce fut dans l'humble église d'Aube que Jésus-Christ rentra en vainqueur dans son âme pour n'en plus sortir.

Gaston de Ségur attribuait sa conversion en grande partie à sa sainte aïeule ; on lira avec édification cette page admirable de la comtesse Rostopchine, écrivant à son cher filleul qui, lui annonçant son entrée au séminaire, remerciait sa grand-mère de la part qu'elle avait dans son retour à la vérité.

« Mon pieux et cher filleul, tu me fais une part très grande, et je ne sais même si ce n'est pas à tort que tu me fais une part dans ton retour à la vérité. Elle t'était inconnue, soit par ta faute, soit par celle de tes instituteurs. Mais son amour existait dans ton cœur, sans que tu l'aies senti, jusqu'au moment où la Bonté infinie t'en a présenté un rayon. Tu t'y es de suite attaché, et j'ai trouvé en toi la foi plantée, la graine de sénevé arrosée : et comme Dieu se sert des hommes pour aider ses enfants, je t'ai dit quelque chose de ce que moi-même, et bien plus tardivement que toi, j'avais appris. Je t'ai fait faire la connaissance de quelques bons livres, mais je n'aurais rien fait ou avancé, si Dieu déjà ne s'était chargé de la besogne. La multitude de mes non-réussites à l'égard de tant d'autres m'est une preuve certaine que la voix de l'homme n'est qu'un vain son par elle-même. La prière y sert sans doute, mais à l'égard de ceux dont les dispositions ne rendent pas les prières vaines. Tes dispositions ont donc fait les frais de mon succès, et la grâce de Dieu a mis en toi ces dispositions. »

## IV

### Aptitudes de Gaston de Ségur pour la peinture.

Depuis sa conversion jusqu'à son entrée dans les ordres, Gaston de Ségur partagea sa vie entre sa famille, la peinture et les œuvres de charité. S'il alla dans le monde, ce ne fut que de loin en loin, et par pure condescendance pour ses parents ; son cœur et son temps appartenaient tout entiers à Dieu et aux pauvres.

Pendant l'hiver de 1838 à 1839, il passa presque

toutes ses soirées chez la comtesse Rostopchine qu'il aimait de plus en plus. Tandis qu'on causait autour de lui, il s'occupait à dessiner, et c'est alors qu'il conçut la pensée de reproduire en une suite de dessins la vie tout entière de Notre-Seigneur Jésus-Christ. Cette œuvre charmante ne put être menée à terme; il n'acheva qu'une douzaine de dessins d'une grâce, d'une finesse et d'un sentiment religieux exquis. Le départ de sa grand'mère pour Moscou, et surtout la fatigue de sa vue, résultat d'un travail si continu et si délicat, l'obligea de le suspendre, et il ne le reprit jamais. Cette première atteinte du côté de ses yeux fut de courte durée et céda devant quelques soins et quelques semaines de repos. Mais ce fut comme un avertissement de la Providence, et le premier signe précurseur de l'infirmité qui devait crucifier et sanctifier sa vie. Il est touchant de penser que ce fut en reproduisant par le crayon la vie du Sauveur que le futur ministre de Jésus-Christ contracta ce premier pacte avec la souffrance.

Guéri de son ophtalmie passagère, Gaston de Ségur se remit sérieusement à la peinture, et il fréquenta pendant six mois environ l'atelier de Paul Delaroche; mais la liberté de mœurs qui règne en ces sortes de réunions, le langage et l'attitude de ses camarades le dégoûtèrent à un tel point, qu'il abandonna, non sans regret, ses études à peine commencées. Il fit bien venir chez lui des modèles, enfants ou vieillards, pour continuer à peindre d'après nature; mais il les faisait poser avec leurs vêtements, et de là vient que, dans ses tableaux, les têtes, les pieds et les mains révèlent seuls une étude approfondie; sous les vêtements on ne sent pas les muscles, la structure du corps humain, ce qui faisait dire au bon Pape Pie IX, au sujet de son portrait entre saint Pierre et saint Paul : « Ce bon Mgr de Ségur ! il a oublié de nous faire des épaules. »

Tout en cessant de fréquenter l'atelier de Paul Delaroche, Gaston de Ségur continua à voir le plus souvent possible le grand artiste qui lui donnait d'utiles conseils ; il allait à ses soirées où se réunissait l'élite du monde des arts. C'est dans une de ces soirées que Paul Delaroche dit à M. de Ségur, qui lui exprimait l'intention d'envoyer son fils à Rome, comme attaché d'ambassade : « Quoi que vous fassiez, quelque carrière que vous choisissiez pour votre fils, sa vocation est d'être peintre, et grand peintre. »

Il est permis de croire que si son entrée au séminaire n'avait à tout jamais interrompu ses études artistiques, Gaston de Ségur eût justifié l'opinion de son illustre maître. Le premier tableau qu'il exposa en 1841, le portrait de son père, obtint la médaille d'or, et pour qu'un jeune homme de vingt et un ans, après quelques mois de travail sérieux, ait pu mériter pareille distinction, il fallait qu'il eût reçu de la Providence un don particulier. Quant à son talent de dessinateur, on peut dire que, dès cette époque, il était de premier ordre. Ses albums sont remplis de dessins où l'on admire à la fois des qualités maîtresses de composition et d'exécution. Son coup de crayon était d'une hardiesse extrême, et quand il le voulait, d'une délicatesse achevée. Ses nombreux portraits au crayon, à l'estompe ou à l'aquarelle, ses compositions religieuses, ses images de saints, ont un égal mérite, et beaucoup touchent à la perfection.

En même temps qu'il cultivait par devoir et par

goût son talent pour la peinture, Gaston donnait à l'amour de Dieu et des pauvres la meilleure part de son temps. Sa vertu, soigneusement conservée, trouva une puissante protection dans l'œuvre naissante des Conférences de Saint-Vincent de Paul. A la visite des pauvres il joignit celle des malades dans les hôpitaux; c'est dans une de ses visites qu'il ramena à Dieu un jeune poitrinaire.

C'était à l'hôpital Necker. Un jeune homme se mourait, résistant à toutes les sollicitudes religieuses. La mort était peinte sur son visage; son affreuse maigreur donnait à ses yeux noirs une apparence étrange... Gaston s'approche de lui; il lui parle avec affection et respect, et le malade, par la dureté de son regard, semblait lui répondre: Laissez-moi la paix. L'étudiant feint de ne pas comprendre ce silence méprisant. Il multiplie ses tendres instances; mais un mutisme dédaigneux répond aux effusions de son cœur. Soudain, une inspiration vient au pieux visiteur; il se rapproche vivement du malheureux, et lui dit à demi-voix : « Avez-vous fait une bonne première communion ? » Cette parole produit sur le mourant l'effet d'une commotion électrique; sa figure change d'expression, et il murmure plutôt qu'il ne dit : « Oui, Monsieur; » et deux grosses larmes coulent sur ses joues. Gaston saisit les mains du malade, et lui dit: « Vous étiez heureux alors, mon ami; ce bonheur peut revenir encore; le bon Dieu n'a pas changé. N'est-ce pas que vous voulez bien vous confesser ? » — « Oui, Monsieur, » répond le mourant avec force; et il s'avance pour embrasser son jeune apôtre, qui, tout attendri, conduit cette âme aux joies de la communion et aux espérances du ciel. Ce fut la première âme que Gaston de Ségur conquit manifestement sur le démon et rendit à Dieu, et c'est ainsi que cet étudiant de vingt ans prélu-

dait aux saintes et pacifiques victoires de son sacerdoce.

## V

### Gaston de Ségur diplomate. — Ses œuvres d'art.

Son droit fini, Gaston de Ségur quitta Paris au commencement de juillet de l'année 1841 et s'embarqua au Havre pour Saint-Pétersbourg ; il fit en malle-poste le long voyage de cette ville à Moscou, et passa deux mois auprès de sa sainte grand'mère. De retour en France, il dut bientôt se préparer à un nouveau départ. Cette fois, c'était Rome, la

Gaston de Ségur à l'hôpital Necker.

ville de Raphaël et de Saint Pierre, qui devait être le but de son voyage. Le comte de Ségur, voulant ouvrir à son fils une carrière où il put cultiver sa vocation artistique, avait pensé à le faire nommer attaché d'ambassade près du comte de Latour-Maubourg, ambassadeur de France près du Saint-Siège.

Avant de partir, il apprit que le portrait de son père, fort remarqué à l'exposition, avait été jugé digne d'une médaille d'or. A cette époque, la distribution des récompenses aux artistes couronnés se faisait sans aucune solennité, et quelquefois longtemps après la clôture de l'exposition. C'est ce qui eut lieu pour la médaille de Gaston de Ségur. Il ne put la recevoir avant son départ pour l'Italie, et ce fut un de ses frères qui la reçut pour lui des mains de M. de Montalivet, alors directeur des Beaux-Arts, avec les paroles les plus flatteuses. L'affaire s'arrangea sans difficulté, et le départ du jeune diplomate fut fixé au commencement de l'année 1842. Son âme tendre souffrait de ce lointain exil qui allait le séparer, pour des années peut-être, de sa famille et surtout de sa mère, toujours souffrante et toujours adorée; mais ce lieu d'exil était Rome, la capitale de l'Eglise et des arts ; et malgré plus d'une larme versée en secret par sa mère et par lui-même, Gaston fit avec une joie d'artiste et de chrétien les préparatifs du voyage, et partit résolument pour la Ville éternelle, le 22 février 1842.

Le comte Septime de Latour-Maubourg le reçut comme le fils d'un ami, c'est-à-dire comme un enfant de la maison. Sous sa direction paternelle, les fonctions diplomatiques de Gaston de Ségur ne faisaient qu'ajouter aux charmes de la société d'élite qui l'entourait l'attrait d'un travail facile et relevé. Il donnait quelques heures chaque jour à ce travail de rédaction et d'expédition de dépêches et il lui en restait beaucoup plus à consacrer aux devoirs de société, à l'étude des merveilles de Rome, à la peinture et aux satisfactions de sa piété.

Comme étude, il ne fréquentait aucun atelier; mais il visitait assidûment les musées, les galeries publiques ou privées; il contemplait longuement les statues antiques du Vatican, les tableaux des maîtres italiens du Moyen-Age et de la Renaissance.

Ces visites répétées à ces toiles immortelles, l'analyse de leurs beautés, les efforts qu'il faisait

Gaston de Ségur dans les Musées du Vatican.

pour les comprendre dans tous leurs détails, pour s'en pénétrer et se les assimiler, telles furent ses seules, mais fécondes études de peinture pendant son séjour à Rome. Il ne se contenta point cependant de ce travail de l'intelligence et des yeux. Il ne négligea ni ses pinceaux ni ses crayons, et il produisit, pendant cette année 1842, un certain nombre d'œuvres qui peuvent compter parmi ses meilleures.

Quant à ses tableaux proprement dits, datant de cette époque, ils se composent d'un grand portrait du comte de Latour-Maubourg, d'une Vierge Immaculée, portée sur des nuées, grandeur demi-nature, dont l'expression est charmante de recueillement et de virginité, et d'un jeune pâtre, de grandeur naturelle, debout, la main posée sur un fût de colonne brisée, au milieu de la campagne romaine. La figure de cet enfant de douze ans, couronnée de lierre et de fleurs sauvages, faite d'après nature, est d'une grande beauté. La chemise ouverte, les bras et les jambes nus, il est de face, dans l'attitude d'un maître du monde, et rappelle les nobles figures de Léopold Robert dans ses *Moissonneurs* et ses *Pêcheurs*. C'est, à notre sens, l'œuvre la plus remarquable de Mgr de Ségur, comme peinture à l'huile.

## VI

### Vocation de Gaston de Ségur. — Son entrée à Saint-Sulpice.

La meilleure part de la vie du jeune diplomate appartenait à Dieu ; malgré son admiration pour les madones de Raphaël et du Perugin, il leur préférait encore un *Ave Maria*, dit à Sainte-Marie Majeure. Gaston de Ségur se plaça alors sous la

direction du P. de Villefort, de la Compagnie de Jésus. Ce saint religieux était l'ami, le guide, le

La première Messe de M. de Ségur, d'après un dessin fait par lui-même (page 22).

directeur de tous les Français qui venaient visiter le tombeau de saint Pierre, des pèlerins ou des voyageurs que la foi ou un sentiment plus humain attirait ou fixait à Rome. Quelles que fussent leurs préventions, alors si générales, contre les Jésuites, tous faisaient une exception en faveur de ce Jésuite-là, le seul qu'ils connussent, et la sympathie respectueuse qu'il inspirait était universelle. Il reconnut du premier coup d'œil en Gaston de Ségur une âme d'apôtre, un cœur sacerdotal, et ce fut lui, sans aucun doute, non point qui fit naître sa vocation, mais qui la lui révéla.

La nuit de Noël de l'année 1842, ce jeune homme de vingt-deux ans prononça un vœu solennel par lequel « il se consacrait et se vouait tout entier au Seigneur Jésus-Christ et à la Vierge Marie, sous le vœu d'une perpétuelle chasteté; il promettait et jurait de suivre la sainte vocation par laquelle Jésus l'appelait à lui. » Madame de Ségur éprouva, en apprenant la résolution de son fils, une vive douleur que sa foi seule parvint à calmer.

Gaston de Ségur entra au séminaire de Saint-Sulpice au mois d'octobre 1843. Sa vie au séminaire fut exemplaire. Après avoir franchi successivement les divers degrés de la hiérarchie, l'abbé de Ségur fut ordonné prêtre par Mgr Affre. Le lendemain, il dit sa première messe à la chapelle de la Sainte Vierge à Saint-Sulpice. La plupart de ses parents communièrent de sa main et furent frappés de son expression angélique, quand il leur présenta la sainte hostie.

Cette impression eût été plus profonde encore et mêlée d'une plus vive admiration, s'ils avaient su ce que lui-même a confié depuis à des amis qui gardèrent longtemps son secret, c'est qu'en célébrant cette première messe, en tenant pour la première fois dans ses mains le corps de Jésus-Christ, il avait demandé à la sainte Vierge Marie de lui obtenir de son divin Fils, comme grâce spéciale et bénédiction de son sacerdoce, l'infirmité qui le crucifierait le plus, pourvu qu'elle ne fît pas obstacle à la fécondité de son ministère. Pendant les premières années de ce ministère béni, voyant qu'il n'était pas exaucé, il disait parfois en souriant aux confidents de son vœu : « Il paraît que j'ai posé à la sainte Vierge un problème qu'elle ne peut résoudre. » Et pourtant, nous le verrons bientôt, la perte de ses yeux ne fut pas la première de ses épreuves, et deux ans ne devaient pas s'écouler sans qu'il sentît dans son corps la douloureuse bénédiction de la croix de Jésus-Christ.

## VII

### L'Abbé de Ségur et les œuvres de Jeunesse.

Du premier jour de sa sortie du séminaire, l'abbé de Ségur se montra ce qu'il devait être jusqu'à la fin, le ministre de Jésus-Christ dévoré de l'amour de Dieu et des âmes, l'apôtre des délaissés, des petits, des déshérités de la grande famille humaine. Il quitta la maison paternelle, afin d'exercer avec une plus grande liberté son ministère sacerdotal, et s'associa à quelques prêtres, apostoliques comme lui, avec lesquels il forma, rue Cassette, une communauté de ménage, de prières et de bonnes œuvres. Ainsi établi et libre de ses mouvements, l'abbé de Ségur alla droit aux amis privilégiés de son divin Maître, et il consacra les prémices de sa vie sacerdotale aux soldats prisonniers et aux pauvres enfants de Paris.

Jusque-là, on semblait croire que la sainteté était incompatible avec la vie faite à l'enfant, à l'ouvrier de Paris, par les circonstances sociales et industrielles. C'est au patronage de la rue du Regard, le premier fondé à Paris, qu'on se demanda si le problème était insoluble, et l'abbé de Ségur se trouva là juste à point pour montrer qu'il ne l'était pas Du premier jour, il s'établit entre lui et les enfants du patronage une intimité qui rendit tout facile. Son affabilité attirait instinctivement à lui l'enfant de l'atelier; sa gaieté familière achevait de le gagner; sa bonté, la tendresse de son cœur l'attachaient à lui passionnément. Aussi, comme il aimait les âmes de ces enfants et de ces jeunes gens! comme il les attirait et était attiré par elles! Cette puissance de l'abbé de Ségur sur la jeunesse était telle que les directeurs du patronage organisèrent une retraite pascale pour les apprentis.

Avant l'instruction de l'abbé de Ségur, quelques apprentis, en manière de glose, récitaient chaque soir un petit dialogue. On chantait des cantiques, assaisonnement indispensable de toutes les fêtes de la jeunesse. Le succès fut complet; de ce jour la retraite pascale des apprentis était fondée.

Comme il présida à la naissance spirituelle des œuvres de patronage et à l'établissement des retraites d'apprentis, l'abbé de Ségur présida à la naissance des Cercles catholiques destinés à préserver les jeunes ouvriers des dangers qui les attendaient à l'atelier, dans la rue, et souvent même à la maison paternelle. Enfin, l'infâtigable apôtre établit une œuvre de catéchisme pour les enfants misérables qui importunent de leurs sollicitations la charité des passants. Bien souvent il parvint à faire accomplir le grand acte de la première Communion à ces pauvres déshérités, dont la piété attendrissait les assistants.

L'influence de l'abbé de Ségur sur ces jeunes gens était égale à celle qu'il exerçait sur les enfants; la source en était la même, la simplicité parfaite d'une nature élevée, l'enjouement d'un esprit gai et pur, une bonté naturelle sans limites unie à une foi dévorante et débordante. Tout en lui, jusqu'à ses familiarités et ses plaisanteries les plus joyeuses, respirait et communiquait Jésus-Christ. Sa sainteté était contagieuse comme le feu, avec sa chaleur et sa flamme, ses pétillements et ses étincelles. C'était surtout pour les pécheurs, pour les misérables de l'âme ou du corps, qu'il ressentait et manifestait d'ineffables tendresses, et il s'en trouvait beaucoup, parmi ces jeunes ouvriers, exposés, non-seulement aux tentations du cabaret et de la barrière, aux railleries de l'atelier, à la misère résultant de l'absence du travail, mais souvent aux mauvais exemples et aux persécutions de leurs parents eux-mêmes. A toutes ces victimes du vice ou du respect humain, à tous ces pauvres enfants tombés ou retombés avant l'âge, qui venaient à lui, il tendait les bras, les pressait sur son cœur et ne les laissait partir que consolés et guéris.

« Il semblait, dit M. Maignen, que tout cœur malade qui s'approchait de son cœur y puisait une liqueur divine qui l'apaisait et l'enivrait de reconnaissance et d'amour. Son aspect et son sourire seuls impressionnaient déjà, et lorsque son âme, familièrement unie à l'âme de Jésus, s'ouvrait sur une de ces pauvres âmes et s'y répandait par la parole, c'était une véritable effusion de la nature divine qui s'écoulait pour embaumer toute douleur : on eût dit que ses lèvres distillaient sans cesse le sang eucharistique du sacrifice du matin. »

## VIII

### Son apostolat auprès des prisonniers militaires. — Une exécution.

En même temps qu'il s'adonnait aux œuvres de jeunesse, l'abbé de Ségur se consacrait aux prisonniers militaires ; chose touchante, c'est sur une prière adressée par les soldats enfermés comme prévenus à la prison militaire de l'Abbaye, que Mgr Affre, averti de leur abandon et touché de leur peine, chercha un ecclésiastique libre et de bonne volonté qui pût devenir leur aumônier volontaire. L'abbé de Ségur sortait alors du séminaire ; il sollicita ou accepta avec empressement ce ministère tout à fait gratuit, et il s'y donna de tout cœur. Bientôt, entre ces pauvres soldats et lui, s'établit une intimité qui les menait tout droit et en toute sincérité à la pénitence et à la réconciliation. Avec ce jeune prêtre qui les recevait les bras ouverts, la confession était facile ; elle était faite avant de commencer, et après l'absolution reçue, après la paix de la conscience reconquise, ces grands enfants égarés par l'ivresse, le respect humain ou la passion, revenaient avec une joie profonde au Dieu de leur première communion.

Beaucoup d'entre eux, après leur départ, continuaient à écrire à ce jeune aumônier, que, malgré son jeune âge, ils appelaient leur père.

A cette première catégorie de prisonniers vint bientôt se joindre, après les journées de juin 1848, celle des insurgés pris les armes à la main et qui devaient être traités et jugés militairement. Tous les prévenus militaires qui sortaient de la prison de l'Abbaye ne la quittaient point pour le bagne ou les compagnies de discipline : quelques-uns la quittaient pour aller à la mort. L'abbé de Ségur connut, dès la première année de son sacerdoce, les angoisses terribles à un cœur tendre comme le sien, mais en même temps les ineffables consolations de ce ministère. On va voir comment il préparait ces infortunés à mourir.

Au mois d'août 1848, on amena à l'Abbaye un vieux sergent, nommé Herbuel, qui venait de tuer d'un coup de fusil, avec préméditation, son lieutenant, pour se venger d'une punition dont celui-ci

Exécution militaire.

l'avait menacé. A peine le crime commis, il en comprit toute l'horreur. Traduit devant le conseil de guerre et condamné à mort presque immédiatement, il accueillit avec joie les consolations religieuses de l'abbé de Ségur. Le vieux sergent mourut fermement, simplement, comme il l'espérait, accompagné jusqu'au lieu du supplice par celui qui l'avait réconcilié avec Dieu. Le 1^er^ novembre, au soir, on lui annonça qu'il serait exécuté le lendemain matin. L'abbé de Ségur le confessa, lui apporta le saint viatique, et quand il revint à la prison, le 2, jour des Morts, à six heures du matin, il le trouva paisible et même gai. Arrivé à la plaine de Vincennes, où l'attendait le peloton d'exécution, il prit le crucifix que lui présentait l'abbé de Ségur, plus pâle et plus tremblant que lui. Puis, ayant reçu la dernière bénédiction du ministre de Jésus-Christ, il s'écria d'une voix forte : « Camarades, je meurs chrétien. Ne faites pas ce que j'ai fait; respectez vos supérieurs! » Alors il embrassa l'abbé de Ségur, qui alla s'agenouiller un peu plus loin, et il tomba foudroyé tandis que son âme régénérée paraissait devant Dieu.

Dès ses premiers pas dans le ministère sacerdotal, l'abbé de Ségur avait pratiqué le service de Dieu avec une sorte d'acharnement; il s'était donné avec une telle prodigalité à ses paroissiens de l'Abbaye, à ses militaires, à ses enfants du patronage; il avait tant confessé, tant parlé, tant prêché, que sa santé se trouva gravement atteinte dès l'hiver de 1849. A marcher, ou plutôt à courir de ce pas, il ne pouvait point aller bien longtemps. « Mon cher Monsieur, lui avait dit son médecin, si vous tenez à être porté au cimetière dans six mois, vous n'avez qu'à continuer comme vous faites. » Il continua, ou, du moins, il ne modéra point assez son train, et un an à peine après son ordination, il était obligé de s'arrêter tout à fait. Ce fut la première réponse de la Sainte Vierge à la demande qu'il lui avait adressée en célébrant sa première messe.

De gré ou de force, l'abbé de Ségur dut renoncer non-seulement à tout ministère actif, mais même à dire la messe. Une saison passée dans les Pyrénées, aux Eaux-Bonnes, acheva de consolider sa santé et de rétablir sa poitrine. Il employa ces loisirs à composer un ouvrage : *Réponses aux principales objections contre la Religion,* dont le succès dépassa toutes les prévisions; les *Réponses*, à la mort de Mgr de Ségur, s'étaient vendues à un million d'exemplaires.

## IX

### L'Abbé de Ségur reprend son ministère auprès des enfants et des malades.

Au retour des Pyrénées et après quelques semaines de repos dans ses chères Nouettes, l'abbé de Ségur revint à Paris dans son appartement de la rue Cassette, et reprit avec joie son ministère interrompu. Son petit appartement, rue Cassette, se remplissait, comme naguère, des gamins de Paris, qu'il transformait peu à peu en solides chrétiens, et le tapage quelque temps interrompu de ces bruyants catéchumènes troublait à nouveau la tranquillité ordinaire des habitants du quartier Saint-Sulpice.

Mais ce n'était pas encore assez pour le zèle

dévorant du jeune prêtre, et, se souvenant des visites qu'il faisait aux malades des hôpitaux avant son entrée au séminaire, il ne manquait aucune occasion d'y suivre ceux de ses enfants ou de ses pauvres que la maladie avait fait changer de domicile. Devenu prêtre et ministre de la miséricorde divine, il les réconeiliait et les confessait lui-même avec une joie toute céleste. C'est ainsi qu'il lui fut donné de ramener à Dieu un jeune protestant qui se mourait de la poitriue à l'hôpital Beaujon, et qui passa presque subitement de l'hérésie et de l'indifférence absolue à la foi la plus vive, à la dévotion la plus tendre et à la mort la plus sainte.

## X

### L'Abbé de Ségur et Gabriel Ædmann.

Gabriel Ædmann était un artiste suédois, amené à Paris par l'amour de son art et par le désir de la fortune, et que la misère et la maladie avaient conduit à une pauvre couche d'hôpital. Inconnu, sans famille, oublié de ses légers camarades d'atelier, il fut découvert par une petite ouvrière, une de ces saintes filles comme Paris en renferme, qui se font les consolatrices de toutes les misères. Elle alla le voir sans être connue de lui et fut reçue comme un ange de miséricorde par ce pauvre abandonné. « Jamais, lui dit-il quand elle le quitta, jamais une visite ne m'a fait tant de plaisir. » Elle revint le dimanche suivant et fut reçue avec une joie plus vive encore. « Mais vous ne me connaissez pas, lui répétait le jeune artiste ; comment pouvez-vous m'aimer ainsi ? » Il était si éloigné des pensées chrétiennes, qu'il ne soupçonnait même pas le zèle des âmes et les dévouements de la charité. Mais s'il ne se souvenait plus qu'il était chrétien, Gabriel Ædmann se souvint qu'il était protestant quand la pieuse jeune fille lui parla de la prière, du recours à Dieu et à la sainte Vierge. « Je ne suis pas catholique, dit-il avec une sorte de colère ; prier Jésus-Christ passe encore ; mais la Vierge, jamais ! » Elle obtint néanmoins de lui deux choses importantes ; il voulut bien, par gratitude, se laisser passer au cou une petite médaille de Marie Immaculée et lire le *Souvenez-vous;* et il consentit à recevoir la visite d'un prêtre, mais à la condition qu'il ne lui parlerait pas de religion.

C'est ainsi que l'abbé de Ségur fit connaissance avec le pauvre Gabriel Ædmann. La première fois, fidèle à la parole donnée, il se contenta d'embrasser le malade, de lui témoigner et de lui inspirer cette affection tendre et spontanée que les âmes simples ressentaient pour lui du premier coup d'œil. Le second jour, toutes les entraves avaient disparu d'elles-mêmes, l'âme du pauvre artiste était en communication intime avec celle de l'abbé de Ségur, qui n'eut pour lui donner Dieu qu'à se pencher vers lui et à laisser couler la foi, l'espérance et la charité de son cœur dans le cœur tout grand ouvert du mourant. En entendant parler de Jésus-Christ, de la sainte Vierge, des sacrements, de l'Eucharistie, des promesses du paradis, Gabriel Ædmann pleurait de joie comme un enfant. « Jamais je n'avais entendu quelqu'un me parler ainsi, disait-il. Je vous remercie. Vous êtes mon ange, mon frère, mon père. »

Bref, après un entretien de plusieurs heures, consacré à instruire le catéchumène, l'abbé de Ségur, averti par la sœur qu'il ne passerait peut-être pas la nuit, et le trouvant d'ailleurs admirablement disposé, jugea opportun de recevoir son abjuration séance tenante. Ecoutons le jeune apôtre raconter lui-même cette scène divine : « Mon enfant, dis-je au mourant, vous êtes catholique par le cœur déjà ; pourquoi ne le seriez vous pas tout à fait ? Vous devez sans plus attendre rentrer dans la vraie Eglise de Jésus-Christ. Vous êtes bien malade. » Gabriel Ædmann me regarda fixement et ne répondit pas. « Voulez-vous vous faire catholique ? » lui répliquai-je. Un violent combat agitait son âme. « Oui, murmura-t-il tout bas. Mais que dira ma mère si elle vient à le savoir ? — Que pourra-t-elle dire ? Quand on connaît son erreur, n'est-il pas loyal, n'est-il pas nécessaire d'en sortir et de rentrer dans la vérité ? Croyez-vous fermement, ajoutai-je, qu'il y a un Dieu en trois personnes, Père, Fils et Saint-Esprit ? — Oui, je le crois. — Croyez-vous que le Fils s'est fait homme pour vous sauver, qu'il est mort sur la croix pour vous, qu'il vous prépare l'éternité bienheureuse ? — Oui, je le crois de toute mon âme. — Croyez-vous qu'il n'y a qu'une seule Eglise légitime qui enseigne le christianisme, la sainte Eglise catholique, et voulez-vous devenir son enfant ? — Oui. » Je tirai alors un flacon d'eau bénite que j'avais apporté à tout évènement, et je le baptisai conditionnellement, sous les noms de Gabriel-André-Marie. C'était le 30 novembre 1850, la fête de saint André, apôtre, et sa propre fête à lui-même. Cette coïncidence le frappa vivement. « Quel bonheur ! répétait-il, quel bonheur ! » Son visage était radieux. Je le confessai et lui donnai l'absolution, conditionnellement aussi, comme on fait en pareil cas. Et quand j'eus terminé, il m'embrassa avec une émotion, une tendresse inexprimables. « Mon père, mon père, mon père, murmura-t-il. Oh! que je crois tout! Comme Dieu est bon! Il m'a tout remis. Il m'aime et je l'aime! Jamais je n'ai été aussi heureux de ma vie! » Et il bénissait ce Dieu clément de l'avoir conduit à l'hôpital, c'est-à-dire au salut. Le lendemain soir, Gabriel Ædmann mourait dans des transports de joie, emportant au ciel son innocence baptismale.

Ce que l'abbé de Ségur passait sous silence en racontant cette touchante histoire, c'est l'impression personnelle que sa bonté et sa sainteté avaient faite sur le pauvre protestant. Une lettre, adressée à une amie par la pieuse ouvrière qui assista Gabriel Ædmann jusqu'à sa mort, en rend compte avec une simplicité saisissante. « Le dimanche qui a suivi la visite de M. l'abbé de Ségur, écrit-elle, dès que le pauvre jeune homme m'a vue, il m'a serré la main en me disant : « Mais, ma bonne « sœur (il l'appelait sa sœur), vous ne m'avez pas « envoyé un homme, vous m'avez envoyé un ange! « Ce jeune prêtre impose; *on ne peut le voir sans « voir Dieu en lui...* » Il ne pouvait se contenter de me parler de M. de Ségur, qui aurait pu avoir une si belle position dans le monde et qui l'a refusée pour se faire prêtre et mieux servir Dieu. « Qu'il est heureux, disait-il, et comme tout le « monde doit l'aimer! Chaque parole qu'il m'adres- « sait me faisait élever mon âme vers Dieu. Qu'il « doit faire de bien!... » Ses yeux se remplissaient de larmes. Je lui demandai le sujet de ses pleurs : « Je pleure, je ne sais pas pourquoi; c'est parce « que je suis content... Si Dieu voulait me rendre

« la santé, ma première sortie serait pour aller à « la messe de M. l'abbé, communier de sa main, « et ensuite je voudrais lui obéir dans tout ce qu'il « me dirait... Je l'aime ! »

Heureux le prêtre dont l'âme est si pénétrée de l'esprit divin, et si lumineuse, qu'elle mérite et justifie ce témoignage sublime du pécheur pénitent, du protestant converti, du mourant réconcilié, qui s'écrie en parlant de lui : « On ne peut le voir sans voir Dieu en lui ! » C'est l'équivalent du mot de saint Paul, définissant les apôtres de tous les temps en se définissant lui-même : « Ce n'est plus moi qui vis, c'est Jésus-Christ qui vit en moi ! »

## XI

### L'Abbé de Ségur nommé auditeur de Rote.

Le lendemain de son coup d'Etat du 2 décembre 1851, le prince Louis-Napoléon se préoccupa de la question fondamentale des rapports de son gouvernement avec l'Eglise catholique ; il songea, en conséquence, à rétablir un auditeur de Rote qui a pour mission, sinon de droit, au moins de fait, de servir d'intermédiaire dans les questions ecclésiastiques entre le gouvernement et le clergé d'une nation et le Saint-Siège. Du côté du Saint-Siège, ce projet ne pouvait rencontrer qu'un accueil empressé, et le gouvernement français s'occupa de trouver, pour ce poste important, un ecclésiastique qui, par sa situation personnelle et de famille, répondît aux pensées avouées ou secrètes du Chef de l'Etat, en étant agréable au Souverain Pontife. Ce fut un hasard ou un coup de la Providence qui attira presque immédiatement les yeux du Prince Président sur l'abbé de Ségur, car, malgré sa naissance et ses qualités intellectuelles, ni ses antécédents, ni ses œuvres n'étaient de nature à le signaler à l'attention des hommes d'Etat. Mais le marquis de Turgot, ministre des affaires étrangères, pensa tout naturellement, pour le choix du nouvel auditeur de Rote, qui rentrait dans ses attributions, à l'abbé de Ségur, fils de son vieil ami d'enfance et son camarade au collège des Pages, sous Napoléon Ier. Il en parla au Prince Président qui agréa le nom, et M. de Ségur, averti par M. de Turgot, conseilla fortement à son fils de ne pas repousser sans réflexion les ouvertures du ministre des affaires étrangères.

On comprendra sans peine le trouble de l'abbé de Ségur à cette communication ; c'était le bouleversement de sa vie, l'abandon des œuvres et des

L'abbé de Ségur à l'Elysée (page 37).

âmes auxquelles il croyait s'être donné pour toujours. Au premier abord il fut tenté de répondre par un refus formel. Mais, comme tous les hommes de foi, il pensa qu'il devait d'abord consulter Dieu par la prière, demander conseil à ses amis et au directeur de son âme. Il demanda donc du temps pour prier, pour réfléchir, pour interroger, et la réponse de sa conscience et de ses amis du sacerdoce fut contraire à sa première impression. S'il lui en coûtait de quitter les âmes simples auxquelles il s'était consacré, il considérait le prix de ce sacrifice, la grandeur des services qu'il pourrait rendre au peuple chrétien tout entier par son influence dans les conseils du Pontife et du Prince.

A ces raisons de conscience qui portaient l'abbé de Ségur à ne pas se dérober aux devoirs et aux honneurs de sa nouvelle mission, il s'en ajoutait d'autres personnelles et accessoires qui éveillaient au fond de son cœur un sentiment de joie légitime, la joie de l'âme chrétienne et sacerdotale appelée à se rapprocher du centre de l'Eglise et de la source du sacerdoce universel. Revoir Rome qu'il n'avait pas vue depuis dix ans; connaître le pape Pie IX qu'il aimait tendrement sans l'avoir encore contemplé; vivre dans son voisinage, peut-être dans son intimité; achever dans le commerce quotidien des personnes et des choses romaines son éducation doctrinale, historique et théologique : quel rêve pour une âme comme la sienne et quelle compensation au sacrifice de son ministère apostolique de Paris! Et pourtant, ce ministère lui était si cher, ces pauvres âmes d'enfants, d'ouvriers et de soldats lui tenaient tant au cœur, que la pensée de les abandonner le troublait profondément et l'emportait en lui sur tout autre sentiment.

L'abbé de Ségur se rendit à l'Elysée où une audience lui avait été accordée d'office, vit le Prince, causa longtemps avec lui, et quand il le quitta, la question était résolue. Le futur Empereur le charma par son affabilité, par cette bonté facile et vraie qui le faisait aimer de tous ceux qui vivaient dans son intimité. De son côté, l'abbé de Ségur plut au Prince par sa piété joyeuse et communicative, par sa franchise qui disait tout, par les aimables audaces de sa naïveté. Napoléon dut voir du premier coup d'œil qu'il n'y avait en lui rien du diplomate ni du politique. Mais il vit en lui un saint prêtre sans arrière-pensée, sans autre passion que celle de Jésus-Christ, et qui n'hésiterait pas à marcher de l'avant sans aucun souci de se compromettre personnellement. C'est ainsi que trois mois à peine après le coup d'Etat, le Prince Président signa le décret qui conférait à l'abbé de Ségur la haute fonction d'auditeur de Rote pour la France.

La nouvelle de son élévation fut accueillie avec un applaudissement mêlé de tristesse par ses amis. Quant aux innombrables paroissiens de l'abbé de Ségur, à ces pauvres enfants de Paris auxquels sa maison et son cœur étaient toujours ouverts, rien ne saurait peindre leur consternation à la nouvelle de son prochain départ.

## XII

### Monseigneur de Ségur à Rome. — Deux illustres amis.

Le séjour que Mgr de Ségur fit à Rome, du mois de mai 1852 au mois de janvier 1856, forme l'époque la plus éclatante de sa vie. Le jeune auditeur de Rote se trouva en relations avec deux saints et illustres personnages : Mgr de Mérode qu'un écrivain a ainsi défini : « Une épée ayant une soutane pour fourreau. » Madame de Ségur, sa cousine, mère de Mgr de Ségur, écrivait de lui qu'il était admirable devant Dieu et redoutable devant les hommes. Louis Veuillot, le grand écrivain catholique, qui le connut beaucoup, et qui résuma sa vie en ces belles et fortes paroles : « Personne ne l'a mieux connu que Pie IX, et personne ne l'a plus aimé, » Louis Veuillot nous écrivait à l'époque où Mgr de Mérode quitta le ministère des Armes : « Je déplore la mission et le congé illimité. Mérode devait être retiré et élevé... On aurait dû lui donner le chapeau ou le château Saint-Ange. J'opine pour le chapeau. Mérode, un peu blanchi sous la pourpre, offrirait au Saint-Esprit, s'il en avait le goût, l'étoffe d'un Jules II. C'est une belle étoffe ! »

L'extérieur de Mgr de Mérode était en parfaite conformité avec son âme. Il y avait en lui du religieux, du soldat et du grand seigneur. Haut de taille, maigre de corps, long de membres, il s'agitait incessamment et toute sa personne parlait en même temps que sa bouche ; mais ce mouvement n'excluait ni la distinction ni la dignité : tout en lui trahissait la race. Ses yeux, dont l'un regardait un peu plus haut que l'autre, étincelaient d'esprit et reflétaient les impressions de son âme ardente et mobile. Son profil accentué indiquait l'énergie de sa volonté. Dans les cérémonies religieuses, quand il officiait ou priait, son attitude, ses traits, son expression, prenaient un caractère frappant et inattendu de majesté. Son agitation s'apaisait soudain sous l'action visible de la grâce ; son regard respirait la foi, toute sa personne adorait, et, dans ces moments-là, sa ressemblance avec saint Louis de Gonzague et saint Charles Borromée, dont il avait quelques traits, devenait saisissante. Son installation au Vatican, son lit, son ordinaire, respiraient la pénitence et la mortification d'un moine. Manger était pour lui un détail absolument secondaire, et jamais chrétien ne traita son corps avec un plus complet mépris. Mgr de Ségur, quoique très mortifié lui-même, s'en aperçut pendant les deux ou trois jours qu'il passa chez son cousin à son arrivée à Rome. Jamais et nulle part il ne fut si édifié et si mal nourri.

Mgr Bastide, était aumônier militaire, et les soldats l'appelaient familièrement le *Curé la Bastille.* Amené dans la Ville Eternelle par la Révolution de 1848 et le siège de Rome en 1849, Mgr Bastide secourut et consola nos soldats sur les remparts de la ville assiégée. Durant les vingt années de l'occupation française à Rome, il fut, en fait comme en droit, l'aumônier, l'ami, le père de tous nos soldats. Les pèlerins trouvaient en lui le guide le plus sûr, le plus dévoué et le plus éloquent.

Son beau visage respirait l'allégresse d'une heureuse nature et d'une conscience limpide. Il rayonnait, à l'égal de Mgr de Ségur, cette gaieté sacerdotale, lumineuse et pure comme un beau jour de printemps. Cette joie radieuse était communicative, de même que toutes ses qualités. Il était persuasif du corps à l'âme et de la tête aux pieds. Quand il vous faisait admirer la campagne romaine au soleil couchant, la campagne romaine semblait prendre un éclat nouveau, et quand il expliquait les *Stanze* de Raphaël au Vatican, Raphaël lui-même paraissait plus divin. Mgr de Ségur lui voua dès les premiers jours une tendre affection, basée sur une profonde estime.

## XIII

### Pie IX et Monseigneur de Ségur.

Mais le premier, le plus cher et le plus vénéré des amis que Mgr de Ségur rencontra à Rome, ce fut le Pape Pie IX, de sainte et aimable mémoire. Il attendait le jeune prélat, qu'il ne connaissait pas encore, avec une véritable impatience. En arrivant à Rome, Mgr de Ségur s'était fait conduire au Vatican, chez Mgr de Mérode, son parent, qui y habitait comme aumônier du Pape. A peine avait-il eu le temps d'embrasser son cousin, que le Saint-Père, averti de sa présence, lui fit dire qu'il voulait le voir immédiatement. Mgr de Ségur, encore revêtu de ses habits de voyage, tout couvert de la poussière de la route, eut beau se récrier, demander au moins le temps de revêtir une tenue plus convenable pour se présenter devant le Vicaire de Jésus-Christ, Mgr de Mérode, doublement charmé de son embarras et de l'empressement du Pape, ne lui donna pas une minute, et le jeune auditeur, à la fois ravi et confus, dut se faire conduire, séance tenante, aux pieds et dans les bras de Pie IX qui l'accueillit comme un bon père accueille un fils longtemps et impatiemment attendu. La simplicité, la piété ardente et joyeuse de Mgr de Ségur lui conquirent dès cette première entrevue le cœur du Saint-Père, qui lut, d'un coup d'œil, jusqu'au fond de cette âme transparente et l'aima comme le Seigneur Jésus aima le jeune homme de l'Evangile, après l'avoir seulement regardé.

Dès son installation au palais Brancadora, Mgr de Ségur voulut se mettre au courant des obligations de sa charge. Il ne fut pas longtemps à s'aper-

cevoir qu'elle lui imposait des connaissances juridiques et des responsabilités redoutables, et cette conviction troubla profondément son âme. Il se décida à aller trouver le Pape et à lui donner sa démission motivée. Le bon Pie IX le laissa plaider son incompétence, son ignorance, son incapacité ; puis quand ce fut fini, il lui dit simplement, avec un

Pie IX et Monseigneur de Ségur.

aimable sourire, qu'il voulait le garder et qu'il refusait sa démission. Désirant cependant mettre à l'aise la conscience de son cher auditeur et donner aux plaideurs une garantie sérieuse de bonne justice, il l'adressa au Cardinal Antonelli, qu'il chargea du soin de procurer à Mgr de Ségur un coadjuteur très versé dans la jurisprudence de la Rote, qui pût étudier avant lui les questions difficiles et lui préparer les solutions. Mgr de Ségur put donc conserver ses fonctions.

## XIV

### Zèle de Mgr de Ségur pour les soldats français. Ses études artistiques.

Le jeune prélat donnait une partie de son temps aux soldats français. Le dimanche, dès cinq heures du matin, Mgr Bastide battait le rappel dans la caserne, et l'église de Saint-Louis-des-Français était toujours pleine. Le soir, on chantait les vêpres avec un entrain magnifique ; Mgr de Ségur faisait l'instruction ; Mgr Bastide entonnait de sa belle voix des cantiques connus des soldats. Après la bénédiction du Saint-Sacrement, Mgr de Ségur recevait tous ceux qui voulaient lui parler ou se confesser ; cela durait quelquefois jusqu'à huit heures, au grand désespoir de son cuisinier, désespoir qui redoublait quand Monseigneur amenait avec lui cinq ou six convives inattendus.

Mgr de Ségur avait le sentiment profond de cette influence miséricordieuse et bienfaisante de l'aumônerie militaire sur le bonheur même naturel et humain du soldat, enlevé brusquement à sa famille, à son travail, à son village ; le prêtre, c'est l'image vivante et présente de tous ces biens momentanément perdus, et c'est pourquoi, depuis sa sortie du séminaire jusqu'à sa sortie de ce monde, à Rome comme à Paris, il ne cessa pas un seul jour de se préoccuper de ce grave intérêt, de travailler par ses écrits, par ses démarches, par son influence, à l'organisation, au développement de l'aumônerie militaire, et d'évangéliser lui-même les soldats dans les limites, et même au-delà des limites du possible.

Durant les longues et belles journées de l'été et de l'automne 1852, ayant quelques loisirs, Mgr de Ségur, qui jouissait encore en plénitude du bienfait

L'Enfant-Jésus, par Monseigneur de Ségur (page 44).

de la vûe, s'était remis à la peinture, sa distraction favorite. Il composa un tableau destiné à sa chapelle de Rome, l'Enfant Jésus dormant sur la paille ; la vue de ce tableau est une véritable prédication. Le divin Enfant est couché sur une petite crèche en bois vermoulu, recouverte de paille, dont les épis se répandent de tous côtés comme des rayons de soleil. Une pauvre couverture cache ses jambes et son corps jusqu'à la poitrine. Ses bras et ses épaules sont nus, et ses mains croisées sur son cœur tiennent une petite croix de bois. Il dort avec une expression de douceur ravissante. Au-dessus de lui, se détachant sur l'immense fond d'or du tableau, resplendit un saint ciboire surmonté d'une hostie. Le tout respire une paix et cause une impression divine. A Rome, ce tableau occupait le fond de la chapelle de Mgr de Ségur, derrière l'autel et le tabernacle. A Paris, il fut placé sur une des parois du salon qui touchait à la chapelle, et c'est au pied de l'image céleste de l'Enfant Jésus que Mgr de Ségur rendit le dernier soupir : la tête du prélat mourant se trouvait, sans que personne l'eût cherché, précisément au-dessous de la crèche, et quand il expira, on eût dit que le divin Enfant se penchait vers lui pour recevoir son âme et l'emporter en son paradis.

## XV

### Sacre de Napoléon III. — Echec des négociations.

L'Empereur témoigna à Mgr de Ségur de 1852 à 1856 une confiance, une estime, une affection croissantes, que le pieux prélat crut et que nous croyons sincères. Dès 1849, le Prince Président avait exprimé le désir d'arriver à une révision des articles organiques que l'Eglise n'a jamais acceptés. Il désirait aussi, après le rétablissement de l'empire, et à la suite de son mariage, être sacré par le Pape. Dans ce but il écrivit à Sa Sainteté Pie IX par l'entremise de Mgr de Ségur. L'auditeur de Rote partit à l'heure même pour le Vatican et fut introduit immédiatement auprès du Pape. Pie IX, tenant d'une main la lettre de l'Empereur et de l'autre son lorgnon, lisait à voix basse, avec un grand intérêt et une satisfaction visible. La lecture finie, le Pape dit tout haut avec admiration : « Voilà une lettre magnifique ! L'Empereur voudrait être sacré et il me demande d'aller le sacrer moi-même. Mais je ne puis mettre les pieds sur le sol français tant que subsistent les articles organiques ! » Puis s'adressant brusquement à l'auditeur de Rote qui était à genoux à ses pieds, il lui dit : « Qu'en pense Mgr de Ségur ? Dites-le moi franchement. — Puisque Votre Sainteté me l'ordonne, voilà ce qui me paraît désirable pour l'Eglise : Après avoir sacré l'Empereur Napoléon à Paris, Votre Sainteté irait sacrer l'Empereur d'Autriche à Vienne. Du jour où elle toucherait le sol français, elle verrait toute la France à ses pieds, ce serait le coup de mort pour le gallicanisme ; et une fois à Paris, elle obtiendrait de l'Empereur tout ce qu'elle voudrait. Partout ce serait un triomphe tel que la Papauté n'en a pas connu depuis longtemps. » Pie IX le laissa dire et s'écria, quand il eut fini : « Eh bien ! nous irons ; seulement si l'Empereur tient à ce que j'aille en France, il faut qu'il m'ouvre la porte, en abrogeant les articles organiques. »

Au sortir de l'audience, Mgr de Ségur s'empressa d'écrire à l'Empereur pour l'informer des bonnes dispositions du Souverain Pontife. Au commencement de juillet, il vit Napoléon III dès son arrivée à Paris. L'entrevue fut plus cordiale que jamais, et la question du sacre fut longuement discutée.

En résumé, Mgr de Ségur quitta Saint-Cloud, charmé de l'accueil et des sentiments de l'Empereur, mais se demandant si Pie IX et Napoléon III pourraient jamais arriver à s'entendre, et si les articles organiques, épée de Damoclès suspendue sur la tête du clergé, ne resteraient point la pierre d'achoppement du sacre de l'Empereur.

Avant de repartir pour Rome, Mgr de Ségur vit de nouveau l'Empereur, reçut de lui des communications confidentielles à transmettre au Saint-Père et reprit les négociations. Cela résulte évidemment d'une lettre de l'abbé Gay, qui lui écrivait à la fin d'octobre 1853 : « Tout le monde dit ici que le Pape vient sacrer l'Empereur. Il est clair que ceci ne se peut pas faire sans vous. C'est pourquoi, d'ici à peu, nous vous verrons en France. Ne me défaites pas cet espoir, non plus que celui de voir notre Pie IX et d'être béni par lui... »

Les pourparlers recommencèrent activement entre les Tuileries et le Vatican, dès le retour de Mgr de Ségur à Rome, en octobre 1854.

« C'est à cette époque, écrit l'abbé Louis, qui fut un des secrétaires de Mgr de Ségur, que recommencèrent les négociations de l'Empereur avec le Vatican sur la question du sacre. Mgr de Ségur en fut jusqu'au bout l'unique intermédiaire, et ce n'est pas sans un peu d'étonnement et de jalousie que l'ambassade de France voyait les nombreuses lettres qui venaient directement à

Monseigneur, du cabinet impérial. A chaque courrier, Monseigneur allait au Vatican. Depuis longtemps, Pie IX, qui le goûtait beaucoup et l'aimait tendrement, lui avait dit de ne plus demander d'audience, mais de venir le plus souvent possible le soir, après les audiences officielles, et l'ordre était donné de l'introduire par les escaliers secrets. Aussi, quand nous arrivions dans la grande salle des Suisses, nous voyions accourir Angelini, le fidèle valet de chambre du Pape, qui prenait le chapeau et les gants de Monseigneur, et nous conduisait à travers deux ou trois couloirs, jusqu'au cabinet du Saint-Père. Les audiences étaient longues, confiantes, cordiales. Ces deux saints d'esprit s'entendaient à merveille. Un instant, on crut que Pie IX irait à Paris comme Pie VII, malgré le cardinal Antonelli. Mais avant de s'engager, il exigeait toujours l'abolition des articles organiques. Je me rappelle que Monseigneur, au sortir d'une audience, me racontait avec quelle indignation méprisante le Pape répétait le premier ou le deuxième de ces articles, commençant ainsi : « *Tout individu* se disant légat, etc .. » Mais, ajoutait Pie IX, pourquoi l'Empereur ne vient-il pas se faire sacrer à Rome ? Charlemagne y est bien venu. Je comprends qu'il redoute les souvenirs de jeunesse qu'il y a laissés ; mais il dit qu'il a abjuré tout cela, qu'il n'est plus le même homme. Eh bien ! qu'il le prouve ! »

Malheureusement l'Empereur n'eut pas l'énergie d'imposer aux politiques de son temps l'abolition des a ticles organiques, et les négociations commencées et conduites par Mgr de Ségur n'eurent pas les résultats heureux que l'auditeur de Rote avait rêvés pour le plus grand bien de l'Eglise et le bonheur de la France. L'Empereur sentait dans le fond de son cœur ce que Mgr de Ségur avait voulu faire pour lui et il lui en garda longtemps une sincère et reconnaissante affection.

## XVI

### Comment Mgr de Ségur devient aveugle.

C'est vers l'âge de dix-neuf que Gaston de Ségur ressentit pour la première fois une fatigue des yeux en travaillant le soir à des dessins très-soignés et très-délicats, représentant la vie de Notre Seigneur Jésus-Christ. Le mal reparut à la suite des études au séminaire de Saint-Sulpice ; il céda de nouveau à quelques soins, à quelques semaines de repos et de voyage. A Rome enfin, il se manifesta pour la troisième fois d'une façon subite et presque foudroyante. Le 1^er^ mai 1853, un de ses yeux se voila tout à coup ; il lui sembla qu'un rideau, d'abord à demi transparent, bientôt opaque, s'étendait sur sa prunelle et interceptait le jour. De ce moment, il ne douta pas un instant de la perte totale et prochaine de sa vue, et il reconnut dans cette infirmité un gage de la bonté de Dieu et de la protection de la Sainte Vierge.

Mgr de Conny, son intime ami, informé de l'accident, vint le voir le jour même, et le trouva calme jusqu'à la sérénité. Mgr de Ségur s'appliqua à lui démontrer que la cécité était pour lui une grande bénédiction, d'abord parce que toute infirmité est salutaire, ensuite parce qu'elle détournait absolument de lui le fardeau de l'épiscopat, dont il avait une sainte terreur, et qu'elle allait le ramener à ses chères âmes, à ses chers petits ouvriers de Paris; enfin parce que, pour un confesseur, il est très avantageux de ne voir que les âmes, toujours belles

et aimables quand elles avouent et pleurent leurs fautes. « Qui nous aurait entendus, disait Mgr de Conny en rappelant cette conversation, aurait cru que c'était moi qui avais perdu la vue, et Mgr de Ségur qui me consolait. »

Gaston se prépara dès lors aux conditions de la

Monseigneur de Ségur devient subitement aveugle.

cécité : il apprit à se servir lui-même, les yeux fermés, à dire par cœur la messe de la Sainte Vierge ; à part cette étude, il continua sa vie romaine avec une parfaite allégresse.

Un de ses grands désirs, avant de devenir tout à fait aveugle, était de revoir encore tous ses frères et sœurs. Dieu lui accorda cette grâce. Se rendant en France, après la Saint-Pierre de 1854, il alla passer ses vacances chez ses parents, au château des Nouettes, en Normandie. Le 2 septembre au matin, il y voyait encore ; ce même jour, son frère Anatole vint le rejoindre avec sa famille ; il semble que c'était le moment attendu par la bonne Providence. Après le déjeuner, Mgr de Ségur se promenait et causait gaiement avec un de ses frères, quand tout à coup il s'arrête et dit : « *Je suis aveugle !* » Il l'était en effet, subitement, complètement, et pour toujours. Il rentra calme dans sa chambre, recommandant à ses frères et à ses sœurs de n'en rien dire à sa mère, et sa tranquillité était telle, sa possession de lui-même si absolue, que pendant plusieurs heures, jusqu'au moment du dîner, pas un geste, pas un tremblement dans sa voix, pas un changement perceptible dans son attitude, ne révélèrent à la pauvre mère le coup qui avait frappé son cher fils. Ce fut seulement à table que, voyant qu'il ne pouvait pas se servir lui-même, elle commença à comprendre et à se troubler. Elle le regarda fixement, vit ses autres enfants qui pleuraient, et fondit en larmes. Lui seul souriait, la fortifiait et ne pleurait pas. Ce sourire sublime avec lequel il accueillit la cécité, il le garda pendant vingt-sept ans, et le conserva jusqu'à son lit de mort.

L'épreuve le trouva prêt, et il l'accueillit comme

une vieille et chère connaissance, ou comme une sœur bien aimée, les bras ouverts, l'allégresse au cœur et le sourire aux lèvres. La lettre qu'il écrivit à Mgr Pie, évêque de Poitiers, le 6 septembre 1854, quatre jours après son accident, témoigne d'une façon si frappante de ces sentiments que nous nous faisons un devoir de la reproduire presque toute entière.

« J'allais vous écrire, mon bien cher Seigneur, au moment où j'ai reçu votre aimable petite lettre...Je vous avais écrit de Rome, à l'occasion des dispenses de mariages mixtes *ad biennium*, que je n'avais pu vous obtenir de la congrégation du Saint-Office, mais que le Saint-Père a bien voulu m'accorder lui-même... Je puis aujourd'hui commencer ma lettre par l'exorde du page de Marlborough : *La nouvelle que j'apporte, vos beaux yeux vont pleurer*. Je suis en effet occupé depuis cinq ou six jours à perdre complètement le peu de vue qui me restait, et une cataracte déjà fort épaisse (on sut plus tard que cette cataracte était un décollement de la rétine, maladie sans remède) me permet à peine de distinguer en gros les objets qui m'entourent. Ici, comme toujours, la justice de Notre-Seigneur est accompagnée de miséricorde, et la grâce surabonde là où abonde l'épreuve. Le chagrin de ma pauvre mère, de mes frères et de mes sœurs, au milieu desquels je me trouve heureusement, me fait plus de peine que mes petites misères personnelles. C'est une si bonne et si sainte chose que la croix, qu'il faut vraiment être bien peu chrétien pour oser s'en plaindre, et s'il ne s'agissait que de moi seul, je me sentirais plus disposé à me réjouir qu'à m'affliger. Ne sommes-nous pas tout à Notre-Seigneur, dans la mort comme dans la vie ? Et qu'importe au fond de voir ou de ne voir pas la lumière du dehors, pourvu que les yeux illuminés du cœur perçoivent la lumière véritable et éternelle, qui n'est autre que Jésus-Christ vivant en nous ? — Veuillez, cher Seigneur, vous souvenir de moi au saint autel, aux pieds de ce divin Maître, et demandez-lui que je porte dignement sa sainte croix. Vous concevez que tous les beaux projets qu'on avait formés pour ou contre moi (il faisait allusion à la charge de grand aumônier de France) s'évanouissent par là même. Ma vocation se simplifie, et la volonté du bon Dieu, unique règle à suivre dans tout ceci, devient claire et évidente. Je demande seulement à Notre-Seigneur que l'Empereur fasse un bon choix lorsque le temps en sera venu, et qu'il place auprès de lui un homme dévoué à la sainte Eglise et à la France. Pour moi, je retourne à Rome, où mon infirmité nouvelle changera peu mon genre de vie. Je puis parfaitement continuer mes insipides travaux de la Rote *ex auditu solo.* J'ai un petit ministère sacerdotal tout organisé, et je n'ai besoin que de la langue, des oreilles et des jambes, pour confesser et prêcher. Ce sera peut-être une fort bonne aubaine pour les gros pécheurs timides, que de pouvoir conter leurs affaires à un confesseur qui n'y voit goutte. Sans cet accident, je me serais fait une joie et un devoir d'aller vous demander quelques moments d'hospitalité à Poitiers. Maintenant, je me remue difficilement et ne dois plus être un coureur... Adieu pour aujourd'hui, mon très bon et très cher évêque, je vous embrasse de grand cœur et n'ai, Dieu merci ! pas besoin d'y voir clair pour vous aimer beaucoup... »

Mgr de Ségur reçut de nombreuses marques de sympathie de la part de ses amis. Toutefois, malgré son infirmité cruelle, il se détermina à retourner à Rome au mois d'octobre 1854. Il reprit ses fonctions au tribunal de la Rote et continua sa vie de prière, d'étude et d'apostolat. Au mois de décembre 1854, il assista à toutes les cérémonies qui eurent lieu pour la proclamation du dogme de l'Immaculée Conception de la Vierge Marie. La maison du prélat était ouverte à tous les évêques français appelés à Rome pour cette solennité. Quoique aveugle, il les recevait dans son salon, à sa table, avec une aisance parfaite, et il avait conservé à un tel point l'attitude et les mouvements d'un voyant qu'on se prenait à oublier son infirmité.

Mgr de Ségur conserva deux ans encore ses fonctions d'auditeur de Rote ; mais il sentait bien que, malgré la bienveillance persistante de l'Empereur, sa cécité était un obstacle presque invincible à l'accomplissement de sa mission. Il prit donc le parti d'offrir sa démission. Mais avant de l'accepter, le Pape et l'Empereur voulurent régler sa situation personnelle d'une façon convenable, en rapport avec les fonctions éminentes qu'il avait exercées. Pie IX, qui désirait lui faire conférer la consécration épiscopale, fit rechercher dans les annales de l'Eglise s'il ne se trouvait pas quelque exemple d'un aveugle sacré évêque ; on trouva bien des demi-aveugles ; d'aveugles complets il n'y en avait pas. La bienveillance du Pape tourna la difficulté : un bref du Souverain Pontife lui conféra la dignité de protonotaire apostolique, et lui accorda les insignes et les privilèges d'honneur qui sont propres aux Evêques. Grâce à ce bref, le gouvernement français le nomma chanoine-évêque du chapitre de Saint-Denis.

La vie de l'abbé de Ségur, de l'auditeur de Rote,

était achevée ; la mission catholique de Mgr de Ségur en France allait commencer.

## XVII

### Retour à Paris de Monseigneur de Ségur. Sa chapelle.

C'est le 29 janvier 1856 que Mgr de Ségur arriva à Paris et prit possession de son hôtel de la rue du Bac, n° 39, où il passa les vingt-cinq dernières années de sa vie. Tout était prêt pour recevoir le prélat aveugle que son infirmité assujettissait à des nécessités particulières. Il lui fallait d'abord un secrétaire qui fût son auxiliaire, son ami, son compagnon intime, sa main et ses yeux : il trouva ce précieux trésor en M. l'abbé Diringer qui, pendant vingt et un ans, occupa ce poste d'honneur. Mais ce n'était pas tout d'un secrétaire de confiance : il fallait au prélat aveugle un domestique qui lui fût tout dévoué ; il rencontra ce fidèle serviteur en la personne de Méthol qu'il avait connu à Rome comme sous-officier de chasseurs à pied. Mgr de Ségur avait obtenu de Pie IX l'autorisation d'avoir chez lui une chapelle où il pourrait chaque jour célébrer la sainte messe, et conserver le Saint-Sacrement.

Cette chapelle était le lieu de prédilection de Mgr de Ségur, et les anges de Dieu savent seuls le nombre d'heures qu'il y passa le jour et la nuit, en adoration devant le Saint-Sacrement. Depuis le moment de son arrivée à Paris jusqu'aux dernières années de sa vie, il s'occupa sans cesse de l'orner et de la rendre plus digne de l'hôte divin qui daignait y résider. Il disait souvent : « Le vrai maître ici, c'est le Saint-Sacrement. » Et il voulait qu'il fût logé en maître. « Faisons pour le mieux, écrivait-il à Méthol, chargé en son absence de surveiller des travaux d'embellissement : si nous logeons bien Notre-Seigneur chez nous, il y aura des chances pour qu'à son tour il nous loge bien chez lui, là-haut, dans son paradis. » Et encore, quelques jours après : « Dieu soit béni de la réussite de notre chère petite chapelle ! Maintenant, il ne restera plus qu'à y prier dignement, souvent et longuement. C'est le cœur de la maison, et de là part pour nous tous la vie. » Nous la décrivons ici telle qu'il la laissa, en quittant ce monde pour aller contempler au ciel, dans la vision béatifique, Celui qu'il y adorait, voilé sous les espèces eucharistiques (1).

Toute la chapelle était tapissée de rouge, et le plafond bleu foncé était semé d'étoiles d'or. L'autel était abrité sous un dais de velours rouge, bordé de crépines d'or, et dont le fond, également tendu de velours rouge, disparaissait presque sous une multitude de petits cœurs d'or, sortes d'ex-voto qui rappelaient les vocations ecclésiastiques suscitées ou développées par Mgr de Ségur. La presque totalité des cœurs, en effet, avait été offerte par des prêtres, fils spirituels du saint prélat. Le tabernacle était entièrement doré, enrichi de brillants émaux, et sur le socle on lisait, avec le monogramme du Christ, ces paroles touchantes : *Hic adest vita, cœlum, amor*, « ici est la vie, le ciel,

(1) Par suite des legs faits par Mgr de Ségur d'une partie des objets précieux qui remplissaient sa chapelle, elle n'est plus la même aujourd'hui que de son vivant ; mais l'aspect général rappelle beaucoup ce qu'elle était alors, et on y respire le même air de dévotion.

l'amour. » Au-dessus du tabernacle s'élevait une gracieuse statuette de la sainte Vierge, en bronze doré, avec cette suscription : *Immaculatæ Virgini Deiparæ*. De chaque côté, de riches reliquaires en bronze doré, comme tout le reste de la chapelle, et d'un style gothique très pur, renfermaient des reliques de tous les papes canonisés et des plus grands saints de l'Eglise. A droite et à gauche de l'autel, au-dessus des crédences, étaient suspendus deux tableaux d'un caractère étrange et grandiose, représentant saint Pierre et saint Paul, œuvres de James Tissot, comme le saint François de Sales du salon.

Trois lampes brûlaient nuit et jour devant le Saint des saints. Celle de gauche, particulièrement curieuse, était parsemée de fleurs de lis qui rappelaient son origine. Elle avait en effet été donnée à l'église de Jérusalem par le roi de France Henri IV, en action de grâces de la naissance de Louis XIII, et après avoir brûlé pendant deux cents ans dans la grotte de Bethléem et devant le Saint Sépulcre, elle avait été offerte par le patriarche de Jérusalem au comte Edgar de Ségur, alors secrétaire d'ambassade à Constantinople, et rapportée par lui à Mgr de Ségur.

A côté de la petite porte de la chapelle qui donnait sur le vestibule, et par laquelle on entrait sans passer par les appartements, une crédence supportait sept magnifiques cierges, souvenirs précieux de Rome. C'étaient les sept cierges de la grand'-messe pontificale célébrée par le pape Pie IX sur l'autel papal de Saint-Pierre, le 29 juin 1864, jour de la canonisation des martyrs japonais. En face, entre les deux fenêtres, on admirait un souvenir plus précieux encore du grand Pontife qui honora

Mgr de Ségur d'une si paternelle tendresse. C'était la mître en tissu d'or que portait Pie IX le 8 décembre 1854, quand il proclama le dogme de l'Immaculée Conception. Mgr de Ségur, au moment de quitter Rome, osa la demander au Pape, qui la lui donna avec son habituelle bonté ; elle était placée sous un globe avec une inscription commémorative.

## XVIII

### Journée de Monseigneur de Ségur.

Avant d'entrer dans le détail de cette existence apostolique, des œuvres diverses entre lesquelles il partageait son temps, ses forces et sa charité, nous croyons devoir en donner un aperçu d'ensemble, et faire connaître l'emploi de ses journées, les habitudes de sa vie parisienne. Les souvenirs de son secrétaire et de son valet de chambre, témoins intimes et permanents de cette belle vie, nous sont un garant de la fidélité des nôtres.

Mgr de Ségur se levait généralement à six heures; mais à mesure que croissait le nombre des années et que le besoin de sommeil décroissait, il avançait l'heure de son lever, et, s'il se fût écouté, il l'aurait fixé à quatre heures. Par égard pour Méthol, qui dormait de bon cœur dans une chambre voisine, il restait dans son lit jusqu'à cinq heures ou cinq heures et demie. A l'heure fixée, il sonnait, et Méthol accourait à demi habillé. Le lever se faisait vivement, et, tout en s'habillant, Mgr de Ségur commençait à réciter alternativement avec son serviteur les six *Pater*, *Ave Maria* et *Gloria Patri* franciscains, suivis du *De profundis*. Dans ces moments, il répandait souvent son amour pour Jésus-Christ en paroles enflammées. Et il continuait les prières jusqu'à la fin de sa toilette. « Cela n'en finissait plus, » disait naïvement Méthol.

Aussitôt la toilette achevée, il se rendait à la chapelle où, très souvent, le samedi, le dimanche et surtout les veilles de fête, quelques pénitents l'attendaient depuis six heures. Par charité pour ces ouvriers de la première heure, il se bornait à faire une courte adoration au Saint-Sacrement, sur le seuil de la porte ouverte de la chapelle, et se livrait sans retard aux pénitents. Parmi ces nouveaux Nicodèmes, qui devançaient le jour pour ajouter aux ténèbres de la cécité du confesseur les ombres de la nuit, se trouvaient des hommes du monde, et même de hauts personnages de l'époque, qui venaient incognito mettre ordre à leur conscience. Quand on interrogeait Mgr de Ségur à ce sujet, et qu'on citait des noms propres devant lui, il souriait et ne répondait rien, ou bien il répondait qu'il ne savait pas. Quant à l'oraison, cette vie de l'âme chrétienne, à laquelle il n'eût voulu manquer pour rien au monde, ayant très rarement le loisir de la faire à cette heure, il la faisait avant d'éveiller Méthol et de se lever.

Après la messe, les pénitents passaient à leur tour aux pieds ou plutôt sur le cœur du charitable prélat, et, comme ils étaient généralement peu matinals, ils affluaient pendant le dernier quart d'heure, si bien que les confessions se traînaient souvent jusqu'à dix heures et demie.

Depuis la fin des confessions jusqu'à midi, Mgr de Ségur travaillait avec son secrétaire ; c'étaient presque toujours des travaux pressés, qu'il fallait enlever rapidement, sous peine de voir s'accumuler sur le bureau des montagnes de lettres et de papiers. On déjeunait à midi, déjeuner sobre et rapide aussi ; après quoi, s'il n'y avait pas de convives, on sortait, soit pour aller voir des malades, consoler quelques personnes affligées, soit pour présider quelque bonne œuvre, rarement pour faire des visites, et toujours des visites obligatoires. Avant la première congestion, la sortie n'avait jamais un but de promenade, mais toujours un but de charité ou de devoir.

Rentrés vers trois heures, Mgr de Ségur et son secrétaire allaient à la chapelle pour réciter l'office des vêpres et adorer le Saint-Sacrement. Après quoi, ils reprenaient le travail de bureau, quand ce n'étaient pas les jours de confession. En effet, Mgr de Ségur recevait et confessait tous les dimanches de cinq à sept heures, les mercredis et les samedis de quatre à sept. Les samedis tout entiers appartenaient aux pénitents : il confessait au collège Stanislas de onze heures du matin à trois heures de l'après-midi, et chez lui jusqu'à la fin de la journée. Les confessions des apprentis, jeunes commis et employés, se prolongeaient ordinairement ce jour-là jusqu'à dix heures du soir et au delà.

A six heures et demie, Monseigneur allait dîner chez ses parents, sauf le samedi, et restait avec eux jusqu'à neuf heures du soir. C'était la part faite à sa famille dans cette existence consacrée toute à Dieu et aux âmes. Puis il rentrait chez lui, faisait la prière en commun avec son secrétaire et ses domestiques à la chapelle, et se couchait. Nous parlerons plus loin de ses veilles, la nuit, devant le Saint-Sacrement. Depuis la mort de sa mère, il travaillait jusqu'à sept heures, dînait presque toujours chez lui, et Dieu hérita des moments consacrés jusque-là à la famille.

## XIX

### Mgr de Ségur apôtre des jeunes ouvriers.

Mgr de Ségur, de retour à Paris, s'adonna de nouveau aux œuvres ouvrières et aux œuvres de charité. L'œuvre apostolique de Mgr de Ségur dont nous parlerons avant toutes les autres est celle des patronages, parce que ce fut la première dont il s'occupa après son retour de Rome et parce qu'elle tint toujours la première place dans son cœur. Plus tard, il se donna avec un égal dévouement aux élèves du collège Stanislas et à l'évangélisation des séminaires; mais aucun ministère ne lui fut plus cher que celui de ses innombrables enfants du peuple de Paris.

Dès le lendemain de l'arrivée de Rome, il alla ouvrir une retraite à la Maison de Notre-Dame de Nazareth, où son vieil ami, M. Maignen, et M. l'abbé Hello, aumônier du patronage, l'attendaient avec impatience pour s'emparer de lui et reprendre leurs relations de charité interrompues par son séjour à Rome. Combien ces serviteurs de Dieu et des apprentis parisiens durent s'applaudir de son retour et bénir tout bas la sainte Vierge (tout haut ils n'auraient pas osé) de la bienheureuse infirmité qui le ramenait au milieu d'eux ! Mais si le patronage de Nazareth et le cercle de la rue du Montparnasse eurent ses premières visites et entendirent souvent sa parole, son patronage de prédilection, parce qu'il était à sa porte et sous sa main, ce fut celui de la rue de Grenelle, n° 44. C'est à celui-là qu'il se consacra tout entier; c'est là qu'il était absolument chez lui, comme un bon curé de village au milieu de ses paroissiens, comme un bon père de famille au milieu de ses enfants.

Ce patronage avait été établi par les Frères des Écoles chrétiennes, vers l'année 1854, dans les bâtiments de l'école libre, fondée par M. de la Tour, curé de Saint-Thomas-d'Aquin. Son premier président fut le vicomte de Melun, le grand initiateur des œuvres de jeunesse, collaborateur aimé de Mgr de Ségur et bienfaiteur insigne du peuple de Paris. L'œuvre avait pris la forme d'une association entre les jeunes gens qui en faisaient partie, et dont les anciens et les plus zélés étaient constitués en conseil. Dirigée par les Frères, elle avait pour aumônier un des prêtres de la paroisse. Quand Mgr de Ségur arriva à Paris, en 1856, l'œuvre était déjà bien organisée et marchait régulièrement. Sous son impulsion et sous la direction intelligente et dévouée du frère Baudime-Marie, elle prit un développement rapide, et devint un centre actif de vie chrétienne pour toute la jeunesse ouvrière ou commerçante du faubourg Saint-Germain. Le grand moyen de propagande que Mgr de Ségur employait là comme partout et toujours, et qui ne lui manqua jamais, ce fut de s'y jeter à corps perdu, et il se donna tout entier à ces chers petits baptisés qu'il appelait son peuple et qu'il aimait comme ses enfants. Il leur faisait l'avance de son cœur, et était toujours payé de retour. A toute heure, en tout lieu, il avait les bras ouverts pour les recevoir, et, qu'ils fussent fidèles ou enfants prodigues, ils trouvaient chez lui l'accueil du meilleur des pères. Quand il entrait dans la salle du patronage, la salle leur semblait s'illuminer. Quand il ouvrait la bouche, tous ouvraient leurs oreilles pour écouter, leurs lèvres pour rire, leurs cœurs pour recevoir ses enseignements toujours enjoués, assaisonnés d'esprit, de gaieté, où l'ennui ne trouvait jamais place, où tout, les citations, les plaisanteries, les familiarités les plus audacieuses, menaient droit à Jésus-Christ. En sortant de ces réunions ou de leurs entretiens particuliers avec lui, ils laissaient déborder dans leurs familles, dans leurs ateliers, l'affection enthousiaste qu'ils ressentaient pour lui, et, sans le savoir, ils se faisaient ainsi ses coadjuteurs et ses apôtres. Leurs camarades voulaient voir et connaître par eux-mêmes cet aveugle, ce prélat, ce confesseur si saint et si amusant, si grand seigneur et si bon enfant, qui les faisait rire et pleurer à volonté, qui pardonnait, qui bénissait, qui souriait toujours, et, quand ils l'avaient vu et entendu, ils étaient pris à leur tour. C'est ainsi que les réunions de l'association devenaient plus nombreuses, de semaine en semaine, et que la ferveur des jeunes associés grandissait avec leur nombre.

Voici en quoi consistait le ministère de Mgr de Ségur auprès d'eux. Il allait tous les dimanches, après la messe de midi qui se célébrait dans la grande salle de l'école, leur faire une instruction et s'entretenait ensuite avec tous ceux qui avaient quelque chose à lui dire. Il les recevait chez lui spécialement le samedi, à partir de sept heures du soir, et le dimanche matin, pour les confesser : ils pouvaient ensuite, quand ils en avaient le désir, assister à la messe dans sa chapelle et communier de sa main. Il présidait aux loteries qui, de temps en temps, suivaient la messe de midi le dimanche, et les animait par la verve intarissable de son esprit. On dit que quand un juge rit, il est désarmé ; il savait par expérience que quand un enfant rit, il est pris ; et lorsqu'après quelque histoire désopilante, quelque amusante et joyeuse plaisanterie, il entendait leurs explosions d'hilarité, il remerciait Dieu en lui-même et se disait : « Autant de gagné pour le confessionnal, pour la pénitence et pour le paradis. »

Il présidait également aux fêtes trimestrielles qu'il organisait avec beaucoup de soins et de peines et qui étaient un des grands moyens d'action et un des grands attraits de la société. Ces fêtes avaient lieu le soir dans la grande salle de la rue de Grenelle ; les membres de l'association y étaient seuls admis avec leurs familles. C'était un plaisir très recherché, et, comme les ayants droit étaient fort nombreux, il fallait arriver avant l'heure pour être sûr de trouver place. Outre les rapports et les distributions de récompenses, on y entendait d'excellente musique ou de petites pièces de théâtre. Des chanteurs distingués, des artistes de renom, prêtaient souvent leur concours à ces fêtes de la jeunesse et de la charité. M. le curé de Saint-Thomas d'Aquin terminait la séance par une aimable allocution, et rarement Mgr de Ségur pouvait s'en tirer en simple auditeur ; bon gré mal gré, il fallait qu'il adressât à son cher petit peuple une de ces improvisations rapides et joyeuses dont il avait le secret.

## XX

### Mgr de Ségur et Athanase Rousselle.

Parmi ces chers enfants du patronage qu'il aima le plus et qu'il assista jusqu'à la fin, nous devons en mentionner un qu'il pleura longtemps comme un fils et qui le méritait bien. C'était un jeune ouvrier de la classe aisée, nommé Athanase Rousselle ; son père tenait une petite boutique d'objets de piété, rue du Vieux-Colombier. Mgr de Ségur l'avait connu enfant, avant d'aller à Rome, et l'avait retrouvé à Paris en 1856, devenu jeune homme et toujours aussi pieux : à l'association de la rue de Grenelle, à la petite conférence de Saint-Vincent de Paul, dont nous avons parlé, il se montrait toujours le premier par le zèle, par l'assiduité, par l'exercice de toutes les vertus chrétiennes. Un dimanche, on vint chercher Mgr de Ségur de la part de cet enfant de prédilection, tombé subitement malade. « Nous y allâmes après le patronage, écrit l'abbé Louis, alors secrétaire de Monseigneur. Nous le trouvâmes couché, entouré de ses parents, faible, pâle, mais sans fièvre, sans mal apparent. Il se confessa et demanda avec instance les derniers sacrements, disant qu'il était assuré que sa mort ne tarderait pas. Monseigneur, cédant à ce qu'il regardait comme un pressentiment envoyé de Dieu, fit appeler un prêtre de Saint-Sulpice, nous assistâmes à l'extrême-onction et au saint viatique. Je crois que le pauvre et saint jeune homme mourut le lendemain. »

Mgr de Ségur voulut mener lui-même le deuil de cet enfant bien-aimé de son âme. Il marchait derrière le corbillard, donnant le bras au pauvre père qui le guidait et qu'il soutenait. Ce vrai chrétien, digne de son fils, disait en pleurant, tout en suivant le cercueil : « Je suis si sûr que mon fils est heureux au paradis, que si Dieu m'offrait de me le rendre, je refuserais. » Tous les jeunes gens du patronage marchaient à la suite des *deux pères*. A la vue de ce cortège, de ce prélat aveugle, de haute stature, s'avançant la tête nue et conduisant le deuil d'un jeune ouvrier, une émotion respectueuse s'emparait de tous les spectateurs. La foule se pressait sur son passage et l'on redisait son nom avec admiration. A la sortie de Saint-Sulpice, quand le cortège se reforma pour accompagner la dépouille d'Athanase Rousselle jusqu'au cimetière, la place était couverte de monde. L'impression causée par cet acte de bonté et de charité de Mgr de Ségur fut si vive et si universelle que, le lendemain, des journaux rendirent compte des obsèques de ce jeune enfant du peuple, comme s'il se fût agi d'un grand seigneur, d'un personnage politique ou d'un gros financier. Quand, vingt-quatre ans après, le peuple du quartier habité par Mgr de Ségur lui fit des obsèques triomphales, et se porta en foule, un mois plus tard, au service solennel célébré à Notre-Dame, il ne fit que rendre à l'apôtre des ouvriers et des jeunes gens ce que lui-même avait fait pour eux de son vivant. Ajoutons à ces souvenirs du jeune Athanase Rousselle un détail bien petit, mais qui, par sa petitesse même, montre la grandeur de bonté et la délicatesse de cœur de Mgr de Ségur. Sachant que le pieux jeune homme avait l'habitude d'apporter tous les ans, le 22 juillet, un gâteau d'amandes à sa mère, dont c'était la fête, il prit à son compte cette habitude filiale, et, chaque année, jusqu'à la mort de la pauvre mère, il lui envoya, au nom de l'enfant parti pour le ciel, le gâteau d'amandes de la Sainte-Madeleine.

## XXI

### Les Missions populaires.

A l'exemple de saint Vincent de Paul, Mgr de Ségur résolut d'évangéliser la population des quartiers pauvres de Paris. Dans ce but, il fonda une Conférence de prêtres destinés à donner des missions dans les paroisses pauvres. La première réunion de la Conférence avait eu lieu le 29 juin 1858. La première mission fut prêchée aux approches de l'Assomption, dans le faubourg Saint-Jacques. On voit qu'on n'avait pas perdu de temps. Elle eut un plein succès, et l'attente de Mgr de Ségur et de ses collaborateurs fut dépassée. Durant quinze jours consécutifs, un auditoire de plusieurs centaines d'ouvriers se pressa chaque soir autour de la chaire sacrée. De nombreuses et fortes conversions furent le fruit de ces entretiens familiers où l'on s'appliquait surtout à instruire, à cathéchiser, à gagner le cœur en élevant l'esprit, et où l'on évitait le plus possible tout ce qui sent l'orateur et les grandes phrases.

En même temps qu'elle évangélisait le peuple du Gros-Caillou, la Conférence de Saint-François de Sales allait à l'autre bout de Paris disputer à l'indifférence et à l'impiété le peuple de Ménilmontant, pauvre troupeau tellement abandonné alors par la négligence de l'Etat et l'impuissance de l'autorité ecclésiastique, que pour une population de trente mille âmes, il n'y avait qu'une église où mille personnes à peine pouvaient tenir, avec trois prêtres pour la desservir. Dès les premiers jours de la mission, qui fut ouverte, comme toutes les autres, par Mgr de Ségur, la population ouvrière accourut aux exercices avec une telle affluence que la force armée dut intervenir pour maintenir le bon ordre à l'entrée de l'église. Les hommes en habit de travail remplissaient le chœur et montaient jusque sur les degrés de l'autel. Il y avait des figures que l'on n'avait jamais vues dans le saint lieu. Souvent les missionnaires ne purent quitter l'église qu'à onze heures et minuit, retenus qu'ils étaient par les confessions qui suivaient les séances. Des femmes de mauvaise vie, beaucoup d'autres grands pécheurs revinrent à Dieu dans toute la sincérité de leur âme. Ces pauvres gens, ne sachant comment manifester leur reconnaissance à leurs bienfaiteurs spirituels, organisèrent et tirèrent en leur honneur un petit feu d'artifice le soir de la clôture de la mission, et plus de deux cents hommes se firent inscrire comme membres d'une Société de Saint-François-Xavier, qui fut constituée séance tenante. Si l'on ajoute à ces diverses missions celles qui furent également prêchées en 1859, à l'hôpital militaire du Gros-Caillou, au faubourg Saint-Marceau et à Notre-Dame de Grenelle, on pourra juger des travaux accomplis et des résultats obtenus, pendant cette première année, par la modeste Conférence de Saint-François de Sales. L'expérience était faite, le but était atteint : sanctification des missionnaires, formation de prédicateurs populaires, évangélisation de la classe ouvrière la plus déshéritée. Mgr de Ségur pouvait croire l'œuvre fondée et son développement assuré pour l'avenir.

Elle se maintint, en effet, pendant les années 1860, 1861 et 1862. La mission prêchée à la Villette, à l'occasion du mois de Marie 1860, donna notamment des résultats admirables, et démontra jusqu'à l'évidence l'empressement de la population ouvrière de Paris à répondre aux efforts tentés pour la ramener à Dieu.

Le dévouement des missionnaires et du clergé de la paroisse reçut une belle et précieuse récompense. Les conversions notables, les retours de vieux pécheurs se comptèrent par centaines. Des ateliers tout entiers, patrons en tête, s'approchèrent des sacrements ; de nombreuses unions furent réhabilitées ; beaucoup de personnes d'un âge mûr reçurent la confirmation, d'autres firent leur première communion ; le jour de la clôture, la veille et le lendemain, on compta plus de mille communions.

Un fait original et touchant marqua la fin de la mission. Deux ou trois jours avant la clôture, une pauvre ouvrière était venue se confesser et témoignait une grande joie de se voir en paix avec le bon Dieu. « Ah ! Monsieur, disait-elle au missionnaire qui venait de l'absoudre, que je suis donc contente ! je n'ai jamais été aussi heureuse de ma vie. Si vous pouviez *pincer* mon mari ! c'est un bon homme, mais il ne veut pas entendre parler de religion. Il vient cependant presque tous les jours à la mission ; il se tient près de tel pilier ; il est fait de telle et telle manière, a une grosse barbe, etc. Tâchez donc d'aller à lui ; il n'est pas méchant au fond. Seulement ne lui dites pas que je suis venue me confesser, il me tuerait ! » Le lendemain, un ouvrier, avec une grande barbe, venait se confesser au milieu de beaucoup d'autres ; c'était le mari. Quand il eut fini : « Monsieur, dit-il au prêtre, je suis marié et ma femme n'est pas dévote, bien loin de là. Si vous pouviez aussi la *prendre !* Je tâcherai de l'amener demain, sous prétexte de *quèque chose*. Seulement, ne lui dites pas que je suis venu à confesse, elle se moquerait de moi ! » Les deux pénitents arrivèrent en effet au rendez-vous. Que l'on

juge de leur surprise et de leur joie, quand ils apprirent qu'ils étaient réconciliés l'un et l'autre. « Vous êtes tous deux des nigauds d'avoir tant tardé et de vous être méfiés l'un de l'autre, leur dit en riant le bon prêtre. Embrassez-vous, et, désor-

La foule entoure Monseigneur de Ségur (page 70).

mais, servez ensemble le bon Dieu. » Et quand ils se furent embrassés en pleurant, il leur donna, comme souvenir, un Christ, une statue de la sainte Vierge et deux *Manuels du chrétien*.

Mgr de Ségur fit, selon son habitude, la clôture de la mission, et la termina solennellement par la bénédiction papale, à laquelle est attachée l'indulgence plénière. Il venait de recevoir ce privilège extraordinaire du pape Pie IX, pour toutes les missions ou retraites prêchées ou présidées par lui. Cette imposante cérémonie fut entourée de toute la majesté que permettaient les modestes ressources de l'église de la Villette. Trente prêtres en surplis, tenant un cierge allumé, entouraient l'autel. L'église était comble, et lorsque la bénédiction du Vicaire de Jésus-Christ descendit sur cette nombreuse assistance, ce fut une chose admirable de voir tous les fronts s'incliner religieusement, et beaucoup d'hommes se prosterner jusqu'à terre, relevant ensuite leur visage baigné de larmes.

Ce mouvement de conversion et de grâce, cette affluence populaire, cette émotion au moment de la bénédiction papale, se renouvelèrent à toutes les missions qui furent successivement données par les prêtres de Saint-François de Sales, jusqu'en 1863. Le peuple des faubourgs, qui n'avait jamais assisté à pareille solennité, en était profondément remué. « Au sortir de l'Eglise, nous écrivait l'abbé Diringer, tout le monde voulait voir l'évêque aveugle, et nous avions parfois de la peine à fendre la foule qui nous accompagnait jusqu'à la voiture. Cette voiture était un humble fiacre dont le cocher ne manquait jamais d'assister, lui aussi, à l'instruction et à la bénédiction de Mgr de Ségur. Il trouvait moyen de faire garder son cheval ; et jamais il n'y eut, à cette occasion, ni incident ni accident.»

Le collège Stanislas tenait également une grande place en la vie de Mgr de Ségur, qui confessait et dirigeait la majeure partie des éléves.

## XXII

### L'œuvre de Saint François de Sales.

Le genre de ministère que Mgr de Ségur exerçait eût suffi à absorber l'existence d'un prêtre ordinaire; l'activité extraordinaire du prélat aveugle lui permit de trouver, malgré ses occupations multiples, du temps pour une œuvre d'une importance capitale : l'*Œuvre de Saint-François-de-Sales*. Le 19 mars 1857, Mgr de Ségur reçut dans son modeste salon les principaux représentants de la foi et de la charité, ecclésiastiques, religieux et laïques, et, avec leur concours éclairé et dévoué, il jeta les premières bases d'une grande association de foi, de prières et d'aumônes qui devait être, selon la parole de Pie IX, comme une sorte de *Propagation de la foi à l'intérieur*. L'assemblée le chargea d'organiser l'œuvre nouvelle, ou, pour employer l'expression de Mgr de Ségur, elle le laissa *se débrouiller de son mieux*. L'humble prélat justifia entièrement la confiance dont il fut l'objet; il rédigea les statuts de l'Association, les présenta à l'approbation de l'Episcopat et à la bénédiction du Saint-Siège; il organisa le conseil et le secrétariat; chaque semaine, il présidait le conseil central et veillait à l'exécution des décisions prises. Enfin, et ce fut une des lourdes charges que lui imposa l'œuvre dont il avait accepté la direction, il s'astreignit à la prêcher dans la plupart des grandes villes de France. Il partait avec son secrétaire et son fidèle Méthol. Arrivé dans les villes, Mgr de Ségur prêchait sa chère et grande œuvre dans les églises paroissiales, les communautés d'hommes et de femmes, les séminaires, les conférences de Saint-Vincent-de-Paul. Il en exposait le but, la nécessité, dépeignait avec une éloquence sans apprêt les dangers auxquels les entreprises de l'hérésie, de la franc-maçonnerie, de la libre-pensée, exposaient l'âme des enfants, des ouvriers, du peuple chrétien tout entier.

Les traces de son passage étaient profondes et durables, et si l'Association de Saint François-de-Sales est si solidement établie, si féconde en prières, en aumônes, en fruits de salut, c'est à l'action personnelle, à la présence et à la parole de Mgr de Ségur qu'elle le doit. A l'époque de la mort de son zélé Président, c'est-à-dire vingt-quatre ans après sa fondation, l'Association de Saint-François de Sales avait recueilli et distribué 7,500,000 francs !

## XXIII

**Efforts tentés pour guérir le pieux aveugle. Nélaton. — M. Dupont. — Le Curé d'Ars.**

En quittant Rome et en venant se réinstaller à Paris, il avait organisé son existence en vue de sa cécité ; et, malgré la joie naturelle qu'il eût ressentie d'une guérison inattendue, cette guérison aurait dérangé tous ses plans. Son père et sa mère ne se le tinrent pas pour dit, et obtinrent de lui qu'il irait en dernier ressort consulter le docteur Nélaton. C'était un an environ après son retour à Paris, au printemps de 1857. Grandes furent la surprise et la joie de M. et Madame de Ségur, quand ils entendirent le célèbre chirurgien déclarer que le cas était des plus simples, une cataracte, rien de plus, et qu'il se faisait fort de rendre au prélat aveugle l'usage complet de sa vue. Mgr de Ségur, persuadé du contraire, exposa au docteur, avec une netteté, une précision que lui-même admira, les divers phénomènes qui avaient précédé et accompagné sa cécité. M. Nélaton persista dans son affirmation et annonça qu'il ferait l'opération quelques semaines plus tard. Devant une telle assurance, Mgr de Ségur dut se soumettre, et, sans croire un moment au succès annoncé, il accepta, par vertu et par charité pour les siens, les souffrances et les longs ennuis de l'opération.

Laissons l'abbé Louis, alors secrétaire de Mgr de Ségur, raconter l'opération, dont il fut le témoin oculaire. La simplicité même du récit en augmente l'émotion : « Madame de Ségur avait déclaré qu'elle assisterait à l'opération ; mais M. Nélaton, voulant peut-être éviter sa présence, vint le samedi matin, veille de Pâques, avant l'heure indiquée et annonça qu'il allait immédiatement procéder à l'extraction du cristallin. J'étais là avec Méthol. Le docteur fit une incision semi-circulaire autour du globe de l'œil, pressa un peu au-dessous, et le cristallin, tout gris et opaque, vint tomber dans un verre que je tenais pour le recevoir. Le bon Monseigneur souriait ; pas un cri, pas une émotion. Il avait fait, avant, un grand signe de croix ; il en fit un autre après, en disant : « Comme Dieu voudra. » Le docteur exigea qu'il se mît au lit. On lui posa sur la figure un masque de toile et on imbiba incessamment l'œil d'eau glacée. Cette immobilité absolue de cinq ou six jours, cette inaction de près de deux semaines furent la grande épreuve. Mais quelle patience ! quelle douceur ! quelle gaieté même ! Il plaisantait le docteur, qui n'avait jamais vu pareil malade. Après les cinq ou six premiers jours, je remarquai que M. Nélaton perdait un peu de son assurance. Pendant les pansements de chaque matin, il demandait : « Avez-vous, à travers le « linge, une perception de la lumière plus grande « qu'avant ? » Et Monseigneur répondait en riant : « Il me semble que, s'il y a un changement, c'est « en pire ; mais ce sera toujours bien, puisque ce « sera ce que Dieu voudra. » Enfin, un matin, le docteur me fit ouvrir les rideaux de la fenêtre, jusque-là soigneusement fermés ; il plaça son chapeau sur l'œil opéré, fit ôter en dessous le bandeau, puis leva le chapeau : « Que voyez-vous ? — Rien, doc« teur, absolument rien. Que Dieu soit béni et que « sa volonté soit faite ! » M. Nélaton partit et ne reparut plus. Monseigneur se leva, tout heureux d'en avoir fini, alla prier à la chapelle, et s'en revint, le cœur joyeux, consoler sa famille et ses amis. Pendant ces jours où il ne pouvait célébrer la messe, on lui portait chaque matin, de très bonne heure, la sainte communion. »

Sur les instances de sa mère, Mgr de Ségur fit à deux reprises un pèlerinage à l'Oratoire de la Sainte Face de M. Dupont, le *saint homme de Tours;* mais rien ne fut changé dans l'état de ses yeux. M. Dupont en a donné la raison, lorsqu'il dit, faisant allusion à la répugnance qu'éprouvait Mgr de Ségur à demander sa guérison : « Il n'est pas commode d'obtenir de Dieu une grâce corporelle, alors que tout d'abord on ne la demande pas en la forme du demandeur de l'Evangile : Seigneur, faites que je voie ! »

Madame de Ségur ne se tint pas pour battue; elle pressa vivement son fils d'aller voir le Curé d'Ars, dont la sainteté et les miracles attiraient chaque jour une multitude de pèlerins. De retour

de Lyon, Mgr de Ségur se rendit au presbytère d'Ars, où le saint curé le rejoignit en revenant de l'église. Il y eut entre ces deux grands serviteurs de Dieu un touchant combat d'humilité. Mgr de Ségur agenouillé, lui demandait sa bénédiction ; M. Vianney s'y refusait, disant : « C'est à vous à bénir et non pas à moi. » Le curé d'Ars, vaincu par les instances de Mgr de Ségur, finit par se rendre au désir de son visiteur. Se souvenant de la promesse faite à sa mère, le pieux aveugle parla

Mgr de Ségur agenouillé devant le vénérable Curé d'Ars.

au curé d'Ars de sa cécité et de sa répugnance à en demander la guérison. Le saint prêtre lui promit de prier à son intention et l'engagea à prier avec lui. Mais les prières du curé d'Ars ne furent pas plus efficaces que celles de M. Dupont, de Tours, et Mgr de Ségur garda sa chère infirmité. Après le départ du prélat, M. Vianney avait dit à ceux qui l'entouraient : « Voilà un aveugle qui y voit plus clair que nous ; » et il avait ajouté : « Aujourd'hui, j'ai vu un saint ; » parole bien remarquable et consolante dans la bouche de l'homme de Dieu qui lisait dans les âmes comme dans un livre ouvert.

## XXIV

### Épreuves de Mgr de Ségur. — Mort de son père et de sa sœur.

En l'année 1863, Mgr de Ségur eut la douleur de perdre son père, qui fut enlevé rapidement à la tendresse des siens ; mais il n'eut la consolation ni de lui fermer les yeux, ni de lui demander sa bénédiction ; il était auprès de sa mère lorsque le comte de Ségur fut frappé d'apoplexie, et lorsqu'il arriva avec sa mère, l'âme de ce bon père était déjà partie pour l'éternité. Quelques mois après, une nouvelle épreuve vint déchirer son cœur. Un de ces enfants qu'il aimait comme ses fils vint se jeter à ses genoux, bourrelé de remords, et lui avoua qu'avec quatre de ses camarades, poussés par je ne sais quelle inspiration diabolique, ils s'étaient permis de profaner le Saint Sacrement. Mgr de Ségur ne dit rien, ne manifesta pas son immense douleur; les aveux achevés, il donna l'absolution au pécheur repentant et ne lui imposa pour pénitence qu'un *Ave Maria* à dire. Le pauvre enfant (qui a lui-même raconté le fait) effrayé de cette indulgence infinie, ne peut s'empêcher de se récrier : « Comment, cela seulement, mon père ? — Oui, reprit gravement Mgr de Ségur, va en paix et ne pèche plus; je me charge moi-même du surplus de l'expiation. » Il s'en chargea, en effet; il fit dire cinq mille messes d'expiation, et s'imposa, à partir de ce jour, l'obligation de se relever chaque nuit ou le matin, avant son lever ordinaire, et de passer une heure ou deux devant le Saint Sacrement; pendant quinze ans de suite Mgr de Ségur fut fidèle à sa veillée d'expiation.

Le désir de souffrir exprimé par l'abbé de Ségur lors de sa première messe avait été agréable à Dieu, et la Providence semblait prendre à tâche de le réaliser de jour en jour. L'âme du pieux aveugle a été toute sa vie jetée dans le creuset de la souffrance, et sous la flamme qui la consumait elle montait vers Dieu en chants de joie, d'espérance et de charité, comme l'encens qui tombe dans le feu monte vers le ciel en nuages odoriférants. Au mois d'octobre 1868, Mgr de Ségur assista à la mort de sa sœur bien-aimée, Sabine de Ségur, devenue sœur Jeanne-Françoise, au couvent de la Visitation à Paris. Depuis sa jeunesse, mais plus encore depuis son sacerdoce, il était uni par une tendre et profonde intimité à cet ange de la famille, la plus aimable et la plus douce des créatures. Aussi le chagrin de Mgr de Ségur après la mort de sa sœur fut-il profond; il ne devait être dépassé que par celui qu'il éprouva à la mort de sa mère.

# XXV

## Guérison de Félix Garé.

Mais les épreuves ne pouvaient ralentir son zèle et Mgr de Ségur continuait à propager l'Œuvre de Saint-François de Sales. La ville de Lorient eut la

bonne fortune d'entendre sa parole apostolique. Elle fut témoin d'un fait étrange qui produisit une profonde impression. C'était le 15 juin 1869, à l'issue d'un sermon que le prélat aveugle venait de donner en l'église de Lorient; au moment où il

Monseigneur de Ségur guérit un petit garçon aveugle.

rentrait à la sacristie, une femme se présenta, tenant par la main un petit garçon de cinq ans, aveugle lui aussi, et cherchant à fendre la foule pour arriver jusqu'à Mgr de Ségur. Celui-ci, souriant à la demande de la pauvre femme, se baissa avec bonté vers le petit Félix Garé, et se mit presque à genoux pour se rapprocher de lui. Il l'embrassa tendrement, lui toucha les yeux et le bénit avec un grand signe de croix. Le lendemain matin, lorsque cette femme chrétienne entra chez l'enfant qui était au lit, le cher petit lui dit : « Ma tante, laisse-moi donc prendre seul mon déjeuner. Je te vois bien, je vous reconnais tous deux, mes yeux sont guéris ! » On peut juger de la joie et de la stupéfaction de la tante et de la mère, quand elles apprirent l'heureuse nouvelle. Depuis ce moment, l'enfant ne souffrit plus jamais des yeux ; il était radicalement guéri. Félix Garé est mort d'une maladie de poitrine, en 1882, après avoir reçu les sacrements avec une touchante piété.

## XXVI

### Mort de Madame de Ségur.

Cette visite de la miséricorde de Dieu fut comme un rayon de soleil entre deux orages. Le 18 octobre 1869, quatre mois après la guérison du petit aveugle de Lorient, Mgr de Ségur fut appelé auprès du lit de sa mère, qui venait d'être frappée d'apoplexie. Malgré le déchirement de son cœur, il eut le courage de se montrer avant tout prêtre et ministre de Jésus-Christ. Il la confessa, lui administra l'extrême-onction et reçut pour lui-même et pour ses frères et sœurs absents sa bénédiction maternelle. La mort semblait imminente; mais voici qu'une amie de la famille apporta de l'eau de la source miraculeuse de Lourdes. Mgr de Ségur en mit quelques gouttes dans l'eau glacée dont on se servait pour combattre l'apoplexie. Peu de temps après, sa mère s'endormait doucement et le surlendemain elle était hors de danger. Quelques mois plus tard, Mgr de Ségur fit à Notre-Dame de Lourdes un pèlerinage d'actions de grâces. La Providence laissa quatre années encore madame de Ségur jouir en paix de la tendresse et de l'affection de sa famille. Au mois de décembre 1873, des crises d'étouffement se manifestèrent avec une grande intensité et les ressources de la médecine furent impuissantes même à les adoucir. Bien des fois, pendant les dernières semaines de sa vie, Mgr de Ségur fut appelé en toute hâte auprès de sa mère qu'on craignait toujours de voir passer dans une de ses horribles crises. Le cœur brisé, mais le visage toujours animé de ce sourire que la tristesse même ne pouvait complètement éteindre, il la soutenait de sa tendresse, de ses paroles, de ses prières, comme il semble que le Sauveur eût assisté sa sainte Mère si elle avait quitté la terre avant lui. Madame de Ségur expira le 9 février 1874, vers quatre heures du matin, dans les bras et sous la dernière bénédiction de son cher fils. Aussitôt après lui avoir fermé les yeux, Mgr de Ségur retourna à sa chapelle et dit la messe pour le repos de son âme. Pendant le saint sacrifice, il pleura si abondamment qu'à la fin ses ornements sacerdotaux étaient mouillés comme si on les eût trempés dans l'eau; union admirable des sentiments de la nature et de ceux de la foi, qui, loin de se détruire, se fortifiaient, grandissaient ensemble dans ce cœur d'élite, et donnaient à sa physionomie un charme et un attrait invincibles. Nul ne fut plus homme et plus prêtre en même temps. Quelques heures plus

tard, une de ses pénitentes, amie d'enfance de ses sœurs, accourut pour le voir et pleurer avec lui. « Je le trouvai, dit-elle, dans sa chapelle, assis, tout brisé, devant son prie-Dieu, mais calme et doux. Ses larmes coulaient de son visage sur ses vêtements et sur ses mains qu'en les baisant je

Monseigneur de Ségur et sa mère.

trouvai inondées. Il me reconnut et me dit tout bas et simplement : « Ma pauvre maman est morte ! »

Ces larmes qui, sortant de ses yeux éteints, étaient deux fois plus touchantes, ne tarirent que bien longtemps après. Pendant des semaines et des mois, on le surprenait souvent tout en pleurs. Même en causant, même en souriant, ces belles larmes de fils et de saint coulaient doucement sur ses joues, sans qu'il pensât à les essuyer. Le départ de sa mère pour l'éternité fut la grande douleur, la croix par excellence de sa vie. La perte de ses yeux n'avait été rien pour lui auprès de la perte de cette chère et bonne mère. Il voulut lui-même dire la messe en présence de sa dépouille mortelle, au jour des funérailles. L'évêque de Poitiers fit l'absoute et lui témoigna dans cette circonstance douloureuse la plus touchante affection. « Mon ami, disait-il à Mgr de Ségur, on devient vieux à partir du jour où l'on n'a plus sa mère. »

Mgr de Ségur présida aux obsèques et à l'enterrement de sa mère, à Pluneret, paroisse où s'élève la basilique de Sainte-Anne d'Auray. « Après la messe, dit-il, les restes de ma bonne, tendre, admirable et pieuse mère furent confiés à la terre, où je les bénis une dernière fois, au milieu de larmes bien douces et à la fois bien amères, au nom du Père, et du Fils et du Saint-Esprit. »

Cette rupture du lien le plus puissant qui rattachât Mgr de Ségur au monde brisa en même temps ses habitudes et hâta sa fin, en le précipitant, sans trêve et sans mesure, dans les œuvres de zèle et d'apostolat qui déjà dévoraient sa vie. Il cessa dès lors de sortir de chez lui le soir, de prendre, au mois de juin et de juillet, les quinze jours de repos qu'il consacrait à sa mère ; et ce surcroît de fatigue, s'ajoutant au brisement de son cœur, ébranla profondément sa santé.

Un an après, Mgr de Ségur se rendit à Rome, où il n'était pas allé depuis onze ans. Dieu lui donna la consolation d'assister aux derniers moments de son ami, Mgr Bastide et de retrouver encore vivant le Pape Pie IX, qui accueillit son cher et doux aveugle avec une tendresse plus paternelle encore que la première fois. Trois ans plus tard une nouvelle épreuve vint rouvrir dans ses yeux éteints la source des larmes qui n'avaient guère tari depuis la mort de sa mère : la mort de Pie IX. Mgr de Ségur arriva à Rome pour assister à l'admirable cérémonie des obsèques et se répandre en prières devant le corps inanimé de celui dont il avait reçu tant de caresses paternelles, tant d'encouragements et de bénédictions.

Dieu permit qu'après avoir rendu ce suprême devoir de reconnaissance à Pie IX mort, il pût rendre les premiers devoirs de sa soumission et de sa vénération filiales à Léon XIII, proclamé pape presque au lendemain des funérailles de son auguste prédécesseur. Le Souverain Pontife l'accueillit avec une extrême bienveillance, lui confirma tous les honneurs, tous les titres, toutes les faveurs spirituelles qu'il avait reçus de Pie IX, et Mgr de Ségur trouva en lui, comme il aimait à le redire, non pas la même forme, mais le même fond de bonté et de paternelle affection. Il quitta Rome à la fin de février 1878, sachant bien qu'il la quittait pour toujours.

## XXVII

### Inépuisable charité de Mgr de Ségur. Sa tendre piété.

Revenons encore en quelques lignes sur la vie quotidienne du fondateur de l'Œuvre de Saint-François de Sales et sur les travaux multiples qui remplissaient cette existence toute consacrée au bien.

Mgr de Ségur vivait dans une union continuelle avec Notre-Seigneur Jésus-Christ; et il puisait dans cette union une charité dont rien n'était capable de modérer les ardeurs. Il n'est pas une infortune, pas une misère, pas une souffrance qu'il ait connues sans essayer de les soulager. Les pauvres et les malades étaient l'objet de sa prédilection, et bien souvent, au soir de ses fatigantes journées, au lieu de se coucher, on le voyait, conduit par son fidèle Méthol et à l'insu de son secrétaire, aller visiter les malades, prier près de quelque lit de mort et consoler les survivants. Sa bonté à l'égard des apprentis, des jeunes gens et des ouvriers ne connaissait pas de bornes. Elle s'étendait jusqu'à leur famille. Mgr de Ségur cherchait à les placer, à les établir, il bénissait leur mariage, baptisait leurs enfants. Dans ces occasions, il mettait avec joie ses ornements épiscopaux, sachant que sa mître, sa crosse, ses brillants insignes de chanoine-évêque du Chapître de Saint-Denis, étaient autant de sujets de joie, de motifs d'action de grâces, de sources de souvenirs chrétiens.

Ses aumônes étaient aussi abondantes que le lui permettaient ses modestes ressources. Ce qu'il recherchait par dessus tout, soit dans ses aumônes, soit dans les services qu'il rendait, c'était les âmes. Les éclairer et les convertir était le but de ses prières, de ses mortifications et de ses fatigues. A ce cher et vaillant aveugle, plus qu'à nul autre, s'appliquent les éloges du prophète Isaïe : « Si tu

prodigues ton âme à celui qui a faim et si tu remplis de consolation une âme affligée, ta lumière se lèvera dans les ténèbres et les ténèbres seront comme le plein midi. »

Voici, entre mille, un trait de sa charité raconté par Méthol : « Un jeune homme, étudiant en droit, âgé de vingt à vingt-deux ans, ayant joué et perdu, était poursuivi par ses créanciers et par la police. C'était dans l'hiver de 1868 ou 1869. Un soir, à l'entrée de la nuit, il court jusqu'au pont des Saints-

Charité de Monseigneur de Ségur.

Pères pour se jeter dans la Seine. Tout à coup il lui revient à la pensée qu'il y a du côté de la rue du Bac un évêque aveugle d'une grande bonté pour les jeunes gens. Il demande son adresse et se décide à aller frapper à sa porte. Monseigneur venait de finir les confessions et avait donné l'ordre de ne laisser entrer personne. Le pauvre garçon repart, les larmes aux yeux. Je l'avais suivi jusqu'au bas de l'escalier; il me dit que c'était fini pour lui, qu'il allait se jeter à l'eau; je ne pouvais plus le décider à remonter l'escalier. A force de promesses que Monseigneur le sauverait s'il lui disait franchement la vérité, il me suivit. Monseigneur le reçut, l'interrogea, le crut et le fit cacher dans la chambre de M. l'abbé Diringer. On envoya des dépêches à sa famille. Après s'être assuré que le jeune homme avait dit vrai, Monseigneur fit venir chez lui les créanciers, les paya et leur fit signer les reçus sur papier timbré, environ pour quatre mille trois cents francs. Ce jeune homme fut ainsi sauvé d'une mort certaine. Son père accourut à Paris par le chemin de fer et, le lendemain, Monseigneur, après lui avoir rendu compte de ce qui s'était passé, l'avoir apaisé et consolé, remettait le fils entre les bras du père, tous les deux heureux, le fils de revoir son père et le père de retrouver son fils sauvé d'un grand malheur. Ce jeune homme profita de cette occasion pour faire une bonne confession et témoigna dans la suite une grande reconnaissance à Monseigneur. »

Cette bonté poussée jusqu'à l'excès, Mgr de Ségur la manifestait à chaque instant et à tout le monde. Il accueillait ses solliciteurs le sourire sur les lèvres, la tendresse dans l'accent, le cœur et les bras ouverts. Il donnait tout ce qu'il pouvait, au-delà même de ce qu'il pouvait; quelquefois il se cachait de Méthol qui tenait la bourse et lui reprochait doucement sa générosité sans mesure. Il empruntait quelque argent à l'abbé Diringer et le donnait au solliciteur, en cachette de son terrible ministre des finances.

La piété de Mgr de Ségur fut toujours empreinte d'une douceur et d'une onction pleine de charmes;

elle était expansive et communicative. La première fois qu'il monta à l'autel, il sembla anéanti par les sentiments de son indignité et transporté par la contemplation des mystères qu'il allait accomplir. A son arrivée à Rome, en qualité d'auditeur de Rote, en attendant que sa chapelle privée fût terminée, il allait chaque matin dire la messe à Saint-Louis-des-Français, et voici dans quels termes en

Mgr de Ségur donnant la communion à la messe de minuit (page 88).

parlait un saint prêtre du diocèse de Bayonne, qui se trouvait alors dans la Ville Eternelle : « Rien ne peut rendre sa modestie, sa piété à l'autel; c'était quelque chose de céleste, de séraphique. J'aimais à assister à sa messe et je ne puis entendre parler de lui sans me rappeler sa figure comme illuminée d'en haut au saint autel. »

En sa qualité d'auditeur de Rote, Mgr de Ségur fut appelé à l'insigne honneur d'exercer l'office de sous-diacre auprès du Souverain Pontife dans une messe solennelle célébrée à Saint-Pierre, et quand, suivant la liturgie, après la consécration et le *Pater*, il traversa l'espace qui sépare l'autel de la Confession du trône pontifical, escortant les saintes espèces, que le Pape, assis et incliné, reçoit des mains d'un cardinal, son attitude, ses yeux baissés respiraient une adoration si profonde qu'il semblait un ange chargé de porter au Vicaire de Jésus-Christ le corps et le sang du divin Maître.

Lorsqu'en 1873, l'année où Mgr de Ségur fit sa dernière visite à Lourdes, un pèlerin le rencontra dans le sanctuaire de Notre-Dame et assista à sa messe : « J'ai vu un saint à Lourdes, disait-il à son retour ; oui, j'ai assisté à la messe d'un prêtre dont la figure rayonnante nous a vivement frappés. Croyez-moi, je n'exagère pas, celui-là ne dit pas la messe comme les autres prêtres. C'est, nous a-t-on dit, un évêque aveugle venu de Paris. » C'était, en effet, Mgr de Ségur.

La messe que Mgr de Ségur célébrait la nuit de Noël dans sa chapelle, impressionnait particulièrement ceux qui avaient le bonheur d'y assister. Quand, à minuit passé, on voyait le saint aveugle rentrer dans le sanctuaire, pâle, épuisé par son ministère, n'ayant presque plus la force de se traîner, les assistants se sentaient émus de respect et d'admiration. Bientôt, en célébrant le saint sacrifice, il semblait retrouver des forces dans l'ardeur de sa dévotion ; sa voix brisée par la fatigue et qui n'en était que plus touchante, se raffermissait pour prononcer les paroles liturgiques. Puis, après avoir communié, il distribuait le pain de vie à ses parents, ses serviteurs et ses intimes réunis à ses pieds. Il se tenait debout au pied de l'autel, le saint ciboire d'une main, la sainte hostie de l'autre ; le prêtre qui l'assistait guidait cette main pleine de bénédictions ; chose étonnante, pendant les vingt-cinq ans de son ministère, depuis sa cécité, il ne lui arriva aucun accident en donnant la sainte Communion. Lorsque, tenant l'hostie consacrée, il prononçait des paroles toutes brûlantes d'amour pour le Dieu de la crèche, pour le saint Enfant Jésus, alors l'émotion s'emparait de tous les cœurs, et les souvenirs que tous emportaient de ces nuits de Noël, enflammées par l'amour de Jésus-Christ plus encore que par la clarté des cierges, restaient vraiment dans leur esprit et dans leur âme comme un parfum du Paradis.

## XXVIII

### Ecrits de Monseigneur de Ségur.

Tant qu'il jouit du bienfait de la vue, Mgr de Ségur écrivit peu ; mais quelques années après son retour à Paris, il produisit un grand nombre d'écrits et de brochures.

Ce que Mgr de Ségur avec ses yeux n'aurait jamais pu faire, il le put grâce à sa cécité. Pendant en effet qu'il confessait, qu'il prêchait, qu'il se livrait à toutes les fatigues de son ministère sacerdotal, son secrétaire intime se livrait aux fatigues toutes différentes de l'étude, à des recherches de jour et de nuit dans les écrits des Pères de l'Eglise. Il réunissait, classait par ordre de matière, tout ce qu'il trouvait de textes, de trésors de doctrine, sur le sujet que Mgr de Ségur lui avait demandé de préparer; et, quand le moment de la composition était venu, le travail préparatoire était fait; l'écrivain n'avait plus qu'à mettre en œuvre ces trésors, en un mot, à composer. Or, si la composition d'un ouvrage est tout, au point de vue de la valeur littéraire et de l'art même d'écrire, ce n'est que peu de chose, pour qui sait écrire, au point de vue du travail et du temps.

Le nombre d'éditions qu'eurent la plupart de ses ouvrages, le nombre d'exemplaires qui en furent vendus de son vivant et qui se vendent depuis qu'il n'est plus, comme avant, ne se peut compter. Pour n'en donner que deux ou trois exemples, *les Instructions familières*, formant deux gros volumes, ont eu jusqu'au jour où il mourut vingt-deux éditions de deux mille exemplaires chacune, ce qui fait un total de quarante-quatre mille exemplaires, achetés et répandus en moins de vingt ans. Les opuscules sur *la Communion, le Pape, la Confession,* ont dépassé soixante, soixante-dix et cent éditions, ce qui représente une diffusion de plusieurs centaines de mille exemplaires. A ce suffrage du peuple chrétien, dont on peut dire sans crainte de se tromper: *Vox populi, vox Dei!* « Voix du peuple, voix de Dieu! » s'ajoute celui du Souverain Pontife, qui multipliait les brefs de félicitation à l'infatigable apôtre, et qui disait un jour au Vatican, devant Mgr de Ségur, qui ne s'en vanta point, et devant d'autres personnes qui le répétèrent : « Mgr de Ségur fait tant de bien ! et ce bien s'étend à tous les pays : car ses petits livres vont partout et sont pour ainsi dire jetés aux quatre vents du monde. Oui, oui, poursuivait Pie IX, tout le monde connaît et aime Mgr de Ségur. » Et s'adressant directement au prélat : « Mais comment donc faites-vous pour mener à bien tous ces travaux ? et vos livres sont si clairs ! ils sont à la portée de tous ! »

Un autre témoignage de l'approbation du Pape, qui fut plus sensible encore à Mgr de Ségur, est celui que Pie IX donna publiquement à celui de ses petits traités auquel il attachait le plus d'importance, *le Traité de la très sainte Communion.* Dans cet écrit, Mgr de Ségur recommande, avec l'ardeur enflammée que l'amour du Saint-Sacrement mettait en son âme et sur ses lèvres, la communion fréquente, même quotidienne; il en rappelle les conditions, les règles, les fruits de grâce ; il combat vivement les doctrines ou plutôt les habitudes jansénistes qui régnaient encore à cette époque dans beaucoup d'esprits d'ailleurs excellents, et qui rendaient la communion presque inabordable par le degré de perfection qu'elle exigeait des fidèles. Pie IX, charmé de cet ouvrage, qui répondait à ses pensées et à ses sentiments, le distribua solennellement de sa main, en 1862, aux prédicateurs du carême réunis, suivant l'usage, pour recevoir ses instructions. Il leur dit que « l'on devrait donner ce petit livre à tous les enfants quand ils font leur première communion ; que tous les curés devraient l'avoir, parce qu'il contient les règles de la communion, comme les entend le concile de Trente, et, ajouta le Pape, comme je veux qu'elles soient appliquées. » Ces fortes paroles du Vicaire de Jésus-Christ furent pour Mgr de Ségur un puissant encouragement à prêcher par la parole ou la plume sa consolante doctrine, et à combattre les résistances actives ou passives qu'elle rencontra pendant plusieurs années avant de triompher.

## XXIX

### Dernière maladie de Mgr de Ségur.

A la vue du ministère surchargé et absorbant que Mgr de Ségur exerçait depuis vingt-cinq ans, on se demande comment sa santé pouvait résister à un tel excès de fatigue. Malgré sa grande énergie, le saint prélat se vit obligé de modérer son zèle. Les épreuves qui l'avaient frappé dans ce qu'il avait de plus cher jointes à ses travaux sans cesse croissants altérèrent peu à peu sa forte constitution. Au mois de juillet 1879, une première congestion l'obligea à un repos absolu de quelques mois. Un an après, au mois d'août, le saint aveugle ressentit une seconde attaque du mal qui devait l'emporter. Une douloureuse épreuve précipita la crise finale : son plus jeune neveu, qui était en même temps son filleul, le petit Louis de Pitray, charmant enfant de huit ans, mourut après une maladie de trois jours. Mgr de Ségur pleura beaucoup ce cher petit enfant dans lequel il avait entrevu et espéré l'héritier de son sacerdoce.

L'heure de la récompense allait sonner pour le saint Evêque ; elle le surprit au milieu de son apostolat quotidien. La dernière journée qu'il devait passer sur la terre fut saintement employée. Le matin il convoqua dans sa chapelle de pauvres petits enfants incurables, et c'est au milieu de cet auditoire si cher au Cœur de Jésus, qu'il célébra sa dernière messe. Après l'action de grâces, il passa dans la salle à manger, où il avait fait préparer une collation pour ses chers petits protégés et il aida son secrétaire et son valet de chambre à les servir.

Le lendemain matin, quand il voulut se lever, il fut pris d'un frisson qui fit place à une sorte de torpeur semblant annoncer une congestion. Un docteur appelé constata la gravité de la situation. On installa l'illustre malade dans son salon, auprès de la chapelle, la tête placée sous son charmant tableau de l'Enfant Jésus. Quelques jours se passèrent dans des alternatives d'espérance et de découragement. Le malade prenait un peu de nourriture, et quand on ne lui parlait pas, une certaine absorption indiquait que le travail de la congestion se continuait. Mais dès qu'on lui adressait la parole, il sortait de son silence et de sa torpeur, répondait gracieusement à ce qu'on lui disait. Une nuit, il crut avoir été à Lourdes, et le lendemain matin il eut beaucoup de peine à se persuader qu'il n'y était allé qu'en imagination.

Le bruit de sa maladie s'était répandu partout, et les plus illustres personnages se mêlaient aux amis et aux pénitents de Mgr de Ségur pour visiter le saint aveugle mourant.

Dès le 29, lendemain de son accident, Mgr Richard, coadjuteur de l'archevêque de Paris, bientôt suivi du cardinal Guibert lui-même, vint le visiter. Les deux prélats lui apportaient leurs bénédictions les plus tendres, et le remercièrent avec effusion de tout le bien qu'il avait fait dans leur diocèse. Le jour de la Pentecôte, l'oppression, qui ne le quittait guère depuis la première atteinte du mal, augmentant beaucoup, on crut prudent de lui administrer l'extrême-onction. Quoiqu'il ne souffrît pas et qu'il ne parût pas se rendre compte de l'imminence du danger, il accueillit cette ouverture avec une grande joie. Il avait toute sa connaissance, toute sa présence d'esprit, et il répondit lui-même à toutes les prières avec une lucidité parfaite et une piété profonde. Quand ce fut fini, il répéta à plusieurs reprises : « Que c'est beau ! Que c'est bon ! »

Pendant une de ces dernières nuits passées soit en visions pieuses, soit en prières, il sortit d'une assez longue somnolence, et dicta, d'une voix claire bien qu'entrecoupée, à M. Philippe Lermigny, un de ses plus chers enfants spirituels, les invocations suivantes au Sacré Cœur de Jésus : « Le Cœur de la douceur et de la bonté ! — Cœur très miséricordieux ! — Cœur, trésor d'amour ! — Cœur doux et humble ! — Cœur si écrasé par la souffrance ! — Cœur affectueux ! — Cœur affectueux et tendre ! — Cœur rayonnant d'amour ! » Ici il s'interrompit et dit : « Ces appellations peuvent s'appliquer au Cœur de la Sainte Vierge, au nôtre, comme au Cœur de Jésus, et pourront singulièrement embaumer notre grand travail. » Il voulait sans doute parler des *Beaux Miracles de Lourdes*, alors sous presse. Après quelques minutes de silence, il reprit vivement : « Encore un, le dernier, écris : « Un Cœur qui donne le paradis ! »

## XXX

### Touchantes manifestations populaires autour du vénéré malade.

Alors, et comme d'un accord unanime et tacite, les portes de sa chambre mortuaire furent ouvertes à tous ceux qui se présentaient pour lui faire leurs adieux et le contempler encore une fois vivant.

Depuis ce moment jusqu'à la nuit, sa chambre ne désemplit pas une minute. C'étaient des parents, des amis, des pénitents, des jeunes gens, des mères de famille avec leurs enfants, qui venaient lui demander un dernier sourire, une dernière bénédiction. Il souriait à tous et il bénissait tout le monde. Sa présence d'esprit était si entière qu'à chaque visiteur il adressait un ou deux mots indiquant qu'il le reconnaissait parfaitement. Il se laissait embrasser le visage ou les mains avec un sourire angélique, et il bénissait chacun avec un signe de croix. Bientôt, la force lui manquant, il n'éleva la main qu'à demi et ébauchait plutôt qu'il ne traçait le signe du salut ; mais il voulut continuer jusqu'au bout ce ministère de bénédiction, et comme l'abbé Diringer lui disait : « Cher Monseigneur, quoique vous soyez bien fatigué, voulez-vous bien bénir encore quelques-uns de vos chers pénitents qui n'osent entrer ? » il répondit avec son sourire habituel : « Oui, oui, je bénirai jusqu'à ma complète démolition. » Il le fit, en effet, et quand il cessa de bénir, quelques heures avant sa fin, ce ne fut que vaincu et paralysé par l'approche de la mort.

Une des joies de cette dernière journée de sa vie

fut la bénédiction du Saint-Père, qui lui fut envoyée à deux reprises différentes, par l'intermédiaire du nonce et par celle du cardinal Chigi, protecteur de l'Œuvre de Saint François-de-Sales.

La nuit vint, et Mgr de Ségur resta seul avec ceux qui devaient le veiller. Là se trouvaient, avec ses serviteurs et son secrétaire, l'abbé Gabiller, aumônier des Enfants incurables, un de ses fils d'Issy, et M. Ingigliardi, jeune médecin qui avait voué au saint aveugle un culte de vénération et d'amour, et qui l'assistait depuis le commencement de sa maladie avec un incomparable dévouement. L'oppression du mourant augmentait d'heure en heure, en même temps que son absorption. Il ne donnait plus guère d'autre signe de vie qu'une respiration de plus en plus bruyante. Pourtant il répondait encore par signe ou même par un ou deux mots quand on lui parlait. A Pierre Méthol, son filleul, élève du séminaire de Saint-Sulpice, à Issy, qui lui disait que la sainte Vierge lui viendrait certainement en aide pour mourir, il répondit nettement : « Je l'espère bien ! » Il était environ une heure du matin. Un peu après, il se passa un fait étrange et bien consolant qu'il est de notre devoir de raconter en toute simplicité. Le jeune docteur Ingigliardi, qui l'entourait de soins, lui essuyant le front, lui humectant les lèvres, lui adressant les paroles les plus touchantes, eut tout à coup une pensée singulière, une sorte de tentation contre la foi qu'il nous a racontée lui-même. Il se demanda si ce saint prêtre qui se mourait devant lui, qui avait usé sa vie au service de Dieu et des âmes, ne serait pas récompensé après sa mort ; si, au lieu du ciel, il n'allait pas tomber dans le néant, et, obsédé par ce doute involontaire, il disait en lui-même : « Oh ! Monseigneur, est-ce qu'après cette mort vous ne viendrez pas nous dire qu'il y a un ciel et que vous y êtes ? » La réponse du saint mourant à cette invocation muette ne se fit pas attendre. Le jeune médecin vit, avec une surprise et une émotion indicibles, Mgr de Ségur se réveiller de son agonie, tourner ses yeux vers lui, et il l'entendit dire très distinctement : « Crois, mon enfant, crois, mon fils, crois ! » Puis il se tut pour ne plus parler. Ce mot mystérieux ne fut entendu ou compris que du docteur, qui bénit Dieu et garda cette parole comme la consolation et la force de sa vie entière.

## XXXI

### Mort de Monseigneur de Ségur. Solennelles obsèques.

D'une heure à trois, l'agonie s'accentua cruellement, et la respiration devint si difficile et si violente que notre cœur à tous en était brisé. Le docteur Ingigliardi nous assurait cependant qu'il ne souffrait plus, et que ce râle était causé par la congestion qui envahissait tous les organes. Son front était humide de sueur, ses mains restaient froides, et il ne faisait aucun mouvement. Vers trois heures, cette épreuve, si pénible pour les assistants, cessa et fit place à un calme profond. La respiration devint imperceptible, le pouls baissa peu à peu. La vie ne se manifestait plus que par quelques soupirs qui s'éloignaient de plus en plus. Enfin, à quatre heures moins vingt minutes, au point du jour, il rendit son âme à Dieu, et son visage prit immédiatement une expression de paix céleste qui ne le quitta plus. C'était le jeudi 9 juin 1881. Il avait soixante et un ans, un mois et vingt-cinq jours.

Nous ne dépeindrons pas la scène de douleur et de larmes qui suivit. Urruty, Méthol, sa femme et ses trois enfants sanglotaient, avec l'abbé Diringer et avec nous, devant la dépouille mortelle de ce bon maître, de ce saint frère, de cet admirable serviteur de Dieu. Le docteur Ingigliardi, aussi fort que doux, se contentait de le contempler en priant. Il lui ferma les yeux, lui noua un mouchoir autour du visage pour maintenir la bouche fermée, et, poussant le dévouement jusqu'à l'héroïsme, malgré les émotions et la fatigue de cette nuit passée toute entière à assister le mourant dans son agonie, il resta trois heures entières debout, immobile près de son père expiré, une main sur le front du défunt, l'autre sous le menton, jusqu'à ce que les traits fussent fixés par la rigidité de la mort. Ajoutons que, comme unique et inestimable récompense de tant de dévouement et de peines, le jeune et pieux docteur demanda la faveur de prendre et de garder les linges qui enveloppaient encore la jambe de Mgr de Ségur au moment de sa mort. « Ce sont, disait-il, des reliques qui me serviront pour guérir mes malades ! » Et il les emporta comme un avare emporte son trésor.

Aussitôt après la mort, le saint aveugle fut revêtu de ses ornements sacerdotaux et épiscopaux et déposé sur une couche funèbre. Ses pieds étaient nus, comme ceux du grand pauvre de Dieu, saint François d'Assise, au tiers ordre duquel il appartenait. Enfin, son front portait la mître, insigne de la dignité épiscopale que le Pape lui avait conférée.

La chambre mortuaire fut incessamment remplie ; il y eut des moments où la circulation des voitures se trouva interrompue dans la rue du Bac. Dans la chambre même, le recueillement était profond : on s'agenouillait, on priait, et la plupart des visiteurs faisaient toucher des chapelets, des images ou d'autres objets de piété au corps du doux aveugle,

aimable et accueillant dans la mort comme dans la vie. Des jeunes gens recevaient les objets et les remettaient aux visiteurs.

Le vendredi 10 juin, lendemain de sa mort, suivant son désir formel, on procéda à l'extraction de son cœur qui devait être embaumé et déposé à la Visitation de la rue de Vaugirard où le cœur de sa mère l'attendait depuis sept ans. Les praticiens chargés de cette opération s'arrêtaient souvent pour baiser les mains, le visage du défunt, et ils mettaient

Monseigneur de Ségur sur son lit de mort.

à part avec soin les linges imbibés de sang, comme des reliques destinées à être gardées précieusement.

Ses funérailles furent célébrées le 13 juin à l'église Saint-Thomas d'Aquin, au milieu de l'émotion universelle. Conformément aux ordres exprès du défunt, le convoi comme le service n'eurent d'autre pompe que celle de la piété et du respect de tous. Si l'on eût suivi à la lettre ses intentions, ses funérailles eussent été celles d'un pauvre. Le char funèbre, des plus modestes, disparaissait sous les fleurs et les couronnes. Les délégations des œuvres marchaient en tête du cortège avec leurs bannières. Quand l'humble corbillard se mit en mouvement, il y eut comme un tressaillement dans la multitude qui remplissait la rue du Bac, le boulevard Saint-Germain et la place Saint-Thomas d'Aquin. Toutes les fenêtres étaient garnies de monde, et le char poursuivait lentement sa marche triomphale. Tous les fronts se découvraient, et on se taisait ou l'on parlait bas comme dans une église. Le chœur de l'église Saint-Thomas d'Aquin était rempli de prélats, de curés de Paris, de prêtres, de religieux. La nef entière, les bas-côtés, la place même de l'église regorgeaient de monde. Mgr Richard, aujourd'hui Cardinal-Archevêque de Paris, donna l'absoute et le jeudi 16 juin suivant, la dépouille mortelle de Mgr de Ségur fut déposée auprès de sa mère dans le cimetière de Pluneret.

## TESTAMENT DE MONSEIGNEUR DE SÉGUR

« Ceci est l'expression de mes derniers désirs.

« ✝ Au nom du Père et du Fils et du Saint-Esprit ; au nom de Notre-Seigneur Jésus-Christ.

« Je meurs, comme j'ai vécu, dans la foi de la sainte Eglise catholique, apostolique, romaine, et dans la soumission la plus entière au Saint-Siège apostolique et à toutes ses décisions ; dans l'amour du Très Saint Sacrement de l'autel et du Sacré Cœur de Jésus ; dans un amour filial envers la Sainte Vierge Marie Immaculée et la bonne Mère sainte Anne.

« Je meurs dans l'espérance des miséricordes divines et sous la protection spéciale de mes patrons bien-aimés : saint Michel et saint Gabriel archanges, saint Pierre et saint Paul, saint Joseph et saint Jean l'Evangéliste, saint François d'Assise, saint François de Sales et saint Louis.

« Je meurs dans l'espérance de retrouver dans le sein de Dieu tous ceux que j'ai aimés et qui ont bien voulu m'aimer sur la terre, en particulier ma chère mère, mon père, ma sœur Jeanne-Françoise et mon vrai père, le grand et saint pape Pie IX.

« Si, dans mes écrits, la moindre chose se trouvait en opposition avec l'enseignement présent ou à venir du Saint-Siège, je le rétracte et condamne de tout mon cœur.

« Je désire être enseveli avec l'habit du tiers ordre de saint François d'Assise et les pieds nus, en signe de pauvreté, avec le scapulaire bleu de l'Immaculée-Conception et celui du Sacré-Cœur, avec la soutane violette, en signe de ma dépendance du Pape et de l'Eglise romaine, en aube et en chasuble blanche, en signe de mon amour ardent envers la sainte Eucharistie et la bienheureuse Vierge, ainsi que de ma ferme foi en la résurrection à venir. Sur ma poitrine on déposera le saint Evangile, le crucifix bénit et indulgencié par Pie IX, ainsi que le saint Rosaire.

« Mon cœur sera embaumé, puis porté et déposé devant le Très Saint Sacrement au monastère de la Visitation, où ma sœur Sabine a eu le bonheur de vivre et de mourir et où repose déjà le cœur de ma mère. Je demande à nos bonnes et chères sœurs de la Visitation que mon pauvre cœur soit déposé au milieu d'elles, pour y faire l'adoration perpétuelle devant le Très Saint Sacrement et participer à toutes les prières et communions de la communauté. Sur la boîte de plomb qui renfermera mon cœur, on gravera ces mots : *Jésus, mon Dieu, je vous adore et vous aime de tout mon cœur, au Très Saint Sacrement de l'autel.*

« Je ne veux aucune pompe ni aucune dépense inutile pour mes obsèques. Là où je mourrai, je désire une simple messe basse, avec douze cierges autour de mon corps, six de chaque côté, et à la tête un treizième, ainsi qu'il est marqué au cérémonial. Avant ma déposition au cimetière, on observera la même règle, ni plus ni moins.

« J'espère que la grâce de la vocation sacerdotale et de la vocation religieuse, une fois entrée dans notre famille, ne lui sera point enlevée, et que notre sang aura, jusqu'à la fin, l'honneur insigne et l'excellent bonheur de donner à Jésus-Christ et à son Eglise des prêtres et des religieuses.

« Je demande humblement pardon à Notre-Seigneur, et à tous ceux que j'aurais pu mal édifier ou scandaliser dans ma vie misérable, de tout le mal que j'ai commis, de quelque manière que ce puisse être.

« Je remercie avec une tendre reconnaissance tous ceux qui m'ont fait du bien, soit spirituel, soit temporel, et je recommande ma pauvre âme à leurs prières.

« Je pardonne de toute mon âme, pour l'amour de Notre-Seigneur Jésus-Christ, toutes les offenses que j'ai pu recevoir en ma vie, de qui que ce soit, toutes les peines et les chagrins que l'on m'a causés, graves ou légers. J'espère que, dans sa bonté, Dieu daignera pardonner également toutes les calomnies dont j'ai pu être l'objet.

« En bénissant mon Dieu de ses miséricordes sans nombre, de toutes ses grâces, de ma sainte vocation, *de ma cécité*, du bien qu'il m'a fait faire et du mal qu'il m'a fait éviter ; en lui demandant pardon une dernière fois de toutes les fautes de ma vie ; en bénissant tous ceux que j'aime, et en pardonnant tout à tout le monde, je remets mon âme entre les mains de mon Sauveur ; je la dépose dans son Cœur adorable et adoré, et je consacre mon dernier soupir et mon éternité à la Sainte Vierge Immaculée, Mère de la grâce et Reine du paradis.

« Que mon cher père, saint François, et mon cher patron, protecteur et ami, saint François de Sales, daignent m'obtenir la grâce d'une sainte mort et me présenter eux-mêmes à Notre-Seigneur Jésus-Christ.

« Ce deux septembre mil huit cent quatre-vingt, vingt-sixième anniversaire du jour mille fois béni où je suis devenu aveugle.

« † LOUIS-GASTON DE SÉGUR. »

La mémoire de Mgr de Ségur est demeurée en bénédiction auprès des hommes ; et pour résumer en un mot cette précieuse existence trop tôt brisée, il suffira de rappeler cette parole du pape Pie IX : « Mgr de Ségur est un saint ! » Parole remarquable dans la bouche de celui qui canonise les saints.

---

# TABLE DES MATIÈRES

Abbeville, imp. C. Paillart, éditeur des *Brochures illustrées de Propagande catholique*.

www.ingramcontent.com/pod-product-compliance
Ingram Content Group UK Ltd.
Pitfield, Milton Keynes, MK11 3LW, UK
UKHW020251220726
13923UKWH00002B/890

9 782329 049809